唐德群——主　编
仁青拉初——副主编

智者的转变

——知错就改的力量

成都地图出版社
CHENGDU DITU CHUBANSHE

图书在版编目（CIP）数据

智者的转变：知错就改的力量/唐德群主编 . --
成都：成都地图出版社有限公司 , 2024.8
ISBN 978-7-5557-2363-9

Ⅰ . ①智… Ⅱ . ①唐… Ⅲ . ①品德教育－中国－青少
年读物 Ⅳ . ① D432.62

中国国家版本馆 CIP 数据核字 (2024) 第 076950 号

智者的转变——知错就改的力量

ZHIZHE DE ZHUANBIAN——ZHICUOJIUGAI DE LILIANG

主　　编：唐德群
副 主 编：仁青拉初
责任编辑：赖红英
封面设计：李　超

出版发行：成都地图出版社有限公司
地　　址：四川省成都市龙泉驿区建设路 2 号
邮政编码：610100

印　　刷：三河市人民印务有限公司
（如发现印装质量问题，影响阅读，请与印刷厂商联系调换）

开　　本：710mm×1000mm　1/16
印　　张：10　　　　　　字　　数：150 千字
版　　次：2024 年 8 月第 1 版
印　　次：2024 年 8 月第 1 次印刷
书　　号：ISBN 978-7-5557-2363-9
定　　价：49.80 元

前　言

　　古人云："人非圣贤，孰能无过？"知错就改是一个人的行为准则，也是一个人立身处世的基本原则。

　　所谓"知错就改"就是知道自己错了，就立即改正。既要"知"，更要"改"，知错能改，善莫大焉。孔子的学生子贡说过："君子之过也，如日月之食焉。过也，人皆见之；更也，人皆仰之。"翻开历史，纵览中国古今历史，知错就改的人比比皆是，正是由于知错就改，使他们有的名垂千古，有的功在当代。如晋代的周处少时横行乡里，乡人把他同老虎、蛟龙并称为"三害"，后来他知道自己错了，决心改正，做了不少好事。人们于是开始尊敬他，称赞他。索福克勒斯说过："一个人即使犯了错，只要能痛改前非，不再固执，这种人并不失为聪明之人。"承认错误是一种诚实的态度，一种锐意的智慧。

　　知错就改不但是做人的基本准则，更是执政者执政的基本要求。汉高祖刘邦知错就改，以礼款待郦食其，终于获得良策，抢在项羽之前入了关中，成就了一番伟业。唐太宗曾说："以铜为镜，可以正衣冠；以古为镜，可以知兴替；以人为镜，可以明得失。"正是由于他以诚纳谏，知错就改，最终开创了"贞观之治"的繁盛时期。可见，执政者能否知错就改，任人唯贤，关乎国家的兴衰。知错就改，勇于承担责任。一个人难免犯错误，关键在于犯错之后能够严肃地对待错误，改正错误。

　　犯错误是一把"双刃剑"，一方面造成了不好的影响，而另一

方面又使犯错误的人知道自己并不完美，也不可能完美。犯错误让人戒骄戒躁，反省自己的所作所为，也让人引以为鉴。俗话说："知错就改，善莫大焉。"犯错误并不可怕，可怕的是不能及时改正，一个人最难能可贵的也是犯了错误能及时改正。当我们犯错误时，我们应当保持大脑清醒，不要因为好面子而不肯承认，这样可能会误导身边的人，最终造成更严重后果。

知错就改是现代社会生活中一个人的立身之本，是高尚的人格要求，是青少年思想道德发展的基本要求。青少年是国家的未来，肩负着社会主义建设的重任，今后要走的路很长，所以，更应该知错就改，以诚待人。青少年要从小就严格要求自己，从现在做起，从点滴做起。

本书共分为"劝人改错""闻错即改""改错纳谏"三个部分，精选了古今知错就改的美德故事。希望通过阅读本书，能更好地帮助读者朋友们养成知错就改的好习惯，做一个表里如一的人。

让知错就改的美德扎根于生活的沃土之中，开出更加美丽的花朵，结出更加丰硕的果实。

目 录

第一章　劝人改错

第二章　闻错即改

第三章　改错纳谏

第一章

劝人改错

颖考叔讲孝道感召庄公

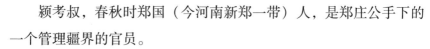

时时见过，时时改过。

——聂豹

颖考叔，春秋时郑国（今河南新郑一带）人，是郑庄公手下的一个管理疆界的官员。

郑庄公的母亲武姜氏因为郑庄公出生时难产而特别讨厌他，偏爱他的弟弟共叔段，想立共叔段为国君，最终由于郑庄公的父亲郑武公不同意才作罢。

庄公继位后，武姜氏千方百计地帮着共叔段扩充势力，伺机夺权。庄公欲擒先纵，待时机成熟时先发制人，在共叔段攻打都城前，在鄢地一举打败共叔段。共叔段逃亡到国外，妄想打开都城之门作内应的武姜氏被放逐到城颖（今河南临颖西北）。郑庄公生气地对其母发誓说："不到黄泉，咱们不要再见面了。"过了一段时间，气消了之后，庄公又觉得自己也有些过分，可话已经说出了嘴，又有什么办法呢。

颖考叔听说这件事后，找了个借口，见到了郑庄公。庄公招待他吃饭，席间庄公发现颖考叔把肉食都放到一边，从不动筷，就好奇地问："你怎么不吃肉食呢？"颖考叔赶忙回答说："我不是不吃

智者的转变
——知错就改的力量

肉食，而是因为我上有老母亲。我们家的好东西她老人家都吃着了，但从来没有吃过国君您这样好的菜肴，请允许我把这些菜带回去给我老母亲尝尝。"郑庄公说："你还有母亲，吃什么还可以想着她，给她带回去吃，我就没有这种福分了。"颍考叔明知故问地说："我能问一下，您这话说的是什么意思吗？"庄公把放逐母亲于城颍并发誓不再相见的事说了，在诉说时流露出悔恨的表情。颍考叔觉得时机已到，就开导说："您有什么可忧虑的呢？假如您深挖地，到有黄色泉水处打一个隧道，母子在隧道里相见，谁能说这不是在'黄泉相见'呢？"庄公高兴地听从了颍考叔的话。

隧道打通了。庄公在进隧道时十分激动，就赋诗一首，其中一句是："大隧之中其乐融融。"武姜氏出了隧道以后也感慨万分，懊悔不已，也赋诗一首，其中一句是："大隧之外，其乐也泄泄（yì yì，和乐融融）。"从此母子和好如初，就好像什么事情也没发生一样。

壶叔告诫重耳节俭

错误是不可避免的，但是不要重复错误。

——周恩来

春秋时期，晋国国君晋献公听信谗言，以为他的儿子重耳有谋取君权的打算，十分生气。于是，他下令捕杀重耳。

重耳连夜带着亲信逃出晋国。途中，他掌管钱财的家臣叛离，他们艰难地来到齐国。

在齐国躲藏了一些日子，重耳并不顺心。在几位心腹家臣的帮助下，重耳先后流亡曹国、宋国、郑国、楚国，后又流亡到了秦国。秦穆公看到重耳一表人才，就招他做了女婿。

公元前636年，秦穆公对重耳说："我送你回去挑起国君的担子吧！"重耳想了想，说："可以，只要大王率兵送我到黄河边上，做我的后盾即可，不必过河。"秦穆公点头答应了。

半月以后，秦国军队浩浩荡荡开到了黄河渡口。重耳望着对岸的晋国土地，自言自语地说："十九年过去了，现在我终于回来了！"

秦穆公派出一部分军队，由重耳率领过河，他自己则驻扎在河西，以作接应。

重耳向秦穆公告别以后，下令迅速渡河。过了一会儿，人马没有动静，重耳皱起眉头问："为什么还不行动？"部下禀报说："公子，壶叔说再等一会儿。"

壶叔是重耳的家臣，专管行李。他对重耳忠心耿耿，一直追随身边，逃亡期间，也吃了许多苦，因而很懂得俭省。此时公子与众人马上就要返回晋国，他把重耳逃难时穿的旧衣服一件件包得整整齐齐，准备带过河去。接着，他又将重耳早上吃剩的冷饭晾干装好，让人送到船上。

重耳又等了一会儿，心中十分着急，于是，他匆匆下船，来到壶叔整理行装的地方，看看到底是怎么回事。到了一只船边，他看到壶叔在匆匆整理搬送破破烂烂的东西，又好气又好笑，说："壶叔，你太糊涂了！我们现在不是逃难，而是返回晋国。我要当国君

智者的转变
——知错就改的力量

了。你想，到那时要啥有啥，你收拾这些东西有什么用？"说完不等壶叔说话，重耳就命令将士："别装船了。已经装上船的，扔进河里，什么破旧物品也不要带过河去！"

壶叔听后非常气恼，大声制止。然后，转过身来，指着重耳的鼻子，责备说："公子，您的话不对！这些东西虽旧，可它们陪您十九年了！您难道忘了吗，流亡途中您差点儿冻死、饿死，是它们帮助您渡过了难关。何况这些东西还能用。您不能这样浪费呀！"

重耳听不进去，还是坚持要把这些东西扔掉。重耳的老臣狐偃看到重耳不听规劝，大手大脚，也很气愤。于是他取出秦穆公送给他的白玉说："如果您决心要抛弃这些有用的物品，那您也像抛弃它们一样将我们也抛弃吧！如果您不懂节俭，您是不会成就大业的。我跟随您的日子该结束了，这块白玉就作为分别的纪念吧。"

狐偃的话像警钟一样，使重耳认真思考起来。他觉得壶叔与狐偃说得有道理，自己怎么一下子糊涂了！地位变了，就喜新厌旧，不懂节俭，大手大脚，那怎么能治理好国家呢！

重耳终于想通了，命令部下："按壶叔说的去做，有用的东西一律留下，把丢到岸上的那些东西也都捡回来。"

子文不护族亲

小过不生，大罪不至。

——《韩非子》

子文是春秋时楚国的令尹，他办事公道，执法严明，正直无私。

一次，掌管刑狱的廷理逮捕了一名犯人。审讯中，那犯人如实地招供了。最后，他又战战兢兢地乞求说："小人做下此孽，实属罪有应得，无论如何处治，我都绝无怨言。只是恳请大人，千万不要将我的事告于令尹知道。"

廷理听了，感到很奇怪，大声喝道："大胆！你小小一个囚犯，也敢提及令尹大人！"

"大人容禀，因为令尹大人和小人是族亲，他素来对我们就管得很严，这会儿要是听说小人犯罪，岂不是要动怒么？倘若气坏了身子，小人怎么担待得起，所以……"那犯人说。

"此话当真？"廷理对那犯人的话有些将信将疑。

"没有半句假话。"那犯人说。

听到这儿，廷理心想："此人既是令尹大人的族亲，我如何惹他得起，倒不如送个人情了事。"想到这里，他便对那人说："这次看在令尹大人的面子上，且饶了你，以后你倘若再敢造次，那可就难办啦！"说着，便打开刑具把他放了。

那人连忙叩头谢恩，随后，连滚带爬地出了府衙。

不久，子文知道了这件事，立即派人把廷理召来。廷理满以为子文会好好地谢他，便喜滋滋地去了。

子文见廷理来了，瞥了他一眼，问道："听说我的一个族人的案子是你审理的？"

廷理连忙答道："是的，大人。不过，我已将他放了。"

"你不是将他逮捕了吗，怎么又放了呢？"子文故作不解地问。

廷理表现出一副十分内疚的样子，毕躬毕敬地回答子文："原先下官不知道他和您的关系，所以多有冒犯，请大人海涵。"

子文听到这儿，十分生气地责备道："你真糊涂啊！国家设置廷理这个职位，就是为处治违法犯罪的人。一个正直的廷理就应当秉公办案，执法如山，可你却违背法律，屈服于权势，无端地宽容了犯罪之徒，这是天理难容的事啊！"接着又说，"那个人明明犯了法，就因为我的关系就放了他，这不等于是在告诉天下的老百姓，我子文是一个徇私枉法的人吗？"

子文义正辞严的一番话，说得廷理哑口无言。随后，子文派人把那个犯法的族人抓了来，亲自交给了廷理，廷理依法处治了他。

这件事很快在楚国的老百姓中传开了，大家都夸赞子文办事无私，执法公平。

季文子劝仲孙节俭

　　季文子是春秋时期鲁国的宰相。他虽然身居高位，却以俭为荣，从不铺张浪费。他家的住房非常简陋，也不多用仆人。他叮嘱家人说："不要搞浮华，讲排场，饮食粗茶淡饭就可以了，衣服不脏不破就很好。"

　　有一天，他有公务出门，让他的侄儿备车。等了一会儿，不见动静，他就径直向马厩走去。

　　刚走到马厩旁，他看到侄儿慌慌张张将青草盖在马槽上，显出不安的样子。季文子很纳闷，问他在干什么，侄儿支支吾吾说不出话来。季文子上前一看，原来马槽里有粮食。季文子十分生气，说："我已经说过，不许用粮食喂马，有充足的草就可以了，现在还有许多穷人缺吃少穿！"

　　侄儿点点头，说："您说的道理我懂，我只是怕别人耻笑我们，说我们小气。"

　　季文子微微一笑，说："既然明白自己做的是正确的，就不必去管别人说什么。"

之后，侄儿备好了马，季文子在车上坐好，他们便出发了。马车很旧，一边走，一边发出使人心烦的嘎吱声。季文子的侄儿低着头，怕别人认出这是宰相家的马车。而季文子泰然自若，时而观望民情，时而皱眉沉思。

当马车走到一个十字路口时，季文子下了车，与百姓交谈。这时，走过来一位穿着十分讲究的年轻人向季文子问好。季文子转身一看，认出了这个年轻人是大臣孟献子的儿子，名叫仲孙。

季文子问："你父亲可好？"

仲孙点头说："很好，他刚才还在这里买东西。"

季文子抬头一看，果然有辆豪华的马车正向西驰去。他说："你们家好气派啊！依我看，要适可而止，还是俭朴些为好。"

仲孙不以为然，带着几分耻笑的口气说："大人做宰相这么多年了，出入连一件像样的绸缎衣服都没有。喂的马，不给粮食，只给草吃。您每天乘坐瘦马破车，难道不怕别人笑话，说您太小气了吗？您这么小气，要是让别国人知道了，说不定还会认为我们鲁国非常穷呢！"

季文子听了仲孙的话，语重心长地说："你的话没有道理，你还是没有懂得节俭的意义。一个有修养的人，他可以克制贪心，因为他知道节俭可以使人向上。相反，一个铺张浪费的人，必然贪得无厌。一个国家的大臣如能厉行节俭，艰苦奋斗，上行下效，百姓齐心，这个国家必然会越来越强大。因此，你怎么能说节俭丢脸和影响鲁国声誉呢？"

季文子句句在理的一番话，说得仲孙哑口无言。他红着脸不好意思地走开了。

后来，季文子听说，孟献子也教育仲孙要节俭，仲孙终于想通了，他一改过去铺张浮华的缺点，知道节俭了。

晏子劝国君关心人民疾苦

> 前事不忘，后事之师。
>
> ——《战国策》

晏子，名婴，字平仲，是春秋时期齐国的大夫。晏子节俭朴素，关心人民疾苦，敢于当面批评齐王的错误。他学识丰富，思维敏捷，心地善良，爱国爱民，人们都很尊敬他。

有一次，晏子出使楚国。晏子个子矮，楚王看不起他，让他从小门进楚城。晏子说到狗国才开狗洞，楚国大臣只好开大门迎接他。楚王在宴请晏子时，绑来齐人出身的罪犯羞辱晏子。晏子说桔生淮南为桔，移到淮北变成酸枳（zhǐ），讽刺齐国人到楚国犯罪是因为楚国社会风气不好，狠狠地回击了楚王，巧妙地维护了齐国的尊严。楚王不得不对其刮目相看。

在齐国，晏子也时时处处为人民利益着想，力劝齐国国王齐景公关心人民的疾苦。

有一年冬天，大雪下了三天三夜，天气冷极了。齐景公披着皮斗篷，坐在宫殿里观赏雪景，还派人去叫晏子也来赏雪。不一会儿，晏子来了。齐景公让他坐在一旁，说："没什么事吧，你难得有空闲，今天就和我一起赏雪吧！"

晏子没答话。过了一会儿，齐景公没话找话地说："真奇怪，一连下了三天大雪，可是一丁点儿也觉不出冷来。"

"天气真的不冷吗？"晏子追问了一句。

齐景公也觉得自己的话说得不对了，不好意思地笑了笑。

晏子说："我听说贤明的君主在自己吃饱的时候，还惦记着别人在挨饿；自己穿暖的时候，还不忘别人的寒冷；自己安逸享乐，要想着劳苦的百姓。现在，您把这些全忘了。"

齐景公听后脸不觉红了，忙说："你说得对，我明白了。"说完，齐景公命人从仓库里取出一些衣服和粮食，发放给穷人。

齐景公特别喜欢养鸟。有一次，他得到一只非常美丽的小鸟，派一个叫烛邹的人专门给他养这只鸟。可是，过了几天，那只鸟飞走了。齐景公气得直跺脚，大声喊到："烛邹，我要杀了你！"站在一旁的晏子说："是不是先让我宣布烛邹的罪状，让他死得明白。"齐景公说："可以。"

这时候，武士们把烛邹绑来了。晏子绷着脸严厉地对烛邹说："烛邹，你犯了死罪，罪过有三条：第一条，大王叫你养鸟，你不留心让鸟飞走了；第二条，你使国君为一只心爱的鸟要动手杀人了；还有这件事让别人知道了，都会认为我们国君只看重鸟而轻视人的生命，从而看不起齐国，这是第三条。所以国君要杀死你！"说到这儿，晏子回过头来对齐景公说："请您动手吧！"

齐景公明白晏子是在提醒自己，他干咳了两声，说："算了，算了，把他放了吧！"接着，齐景公走到晏子面前，拱手说道："若不是你及时开导，我险些犯了大错呀！"

过了些日子，春暖花开，齐景公到山上捉鸟。他看见一只漂亮的鸟，刚要射箭，忽然传来一阵砍柴声，把鸟惊飞了。齐景公的脾气上来了，立刻喊道："把那个砍柴的抓起来，带回去给我收拾他！"这时，一个随从跑过来告诉齐景公："那边有一个鸟窝，里面有响声。"

齐景公走过去一看，鸟窝里有一只刚出生不会飞的小鸟，毛茸茸的，张着小嘴不停地望着生人叫。齐景公觉得小鸟怪可怜的，就把它送回窝里了。

齐景公回宫时让晏子碰见了。晏子问："大王今天捉了几只鸟？"

"唉，费了老大劲，捉到一只小鸟，我看它不会飞怪可怜的，就又放回窝里去了。"齐景公说。

晏子听完，转身向北拜了几拜，然后高声说："我们大王今天做了圣人做的事啊！"

齐景公不以为然地说："你说到哪儿去了。我抓了小鸟，看它小放了它，这跟圣人有什么关系呢？"

晏子说："这件事虽小，可我看得出，您对鸟兽都有仁爱之心。我想，今后您一定会更加关心百姓。所以，我说您是做了一件圣人做的事啊！"

齐景公听了这话，想起押回来的那位砍柴人，忙说："快放了那个砍柴人吧，我要做一个好国君。"

过了很长一段时间，齐景公心爱的小狗死了。他十分伤心，打算做一副上等的棺木厚葬爱犬，还要让大臣们给狗举行隆重的葬礼。晏子阻拦他。齐景公不耐烦地说："这么件小事，你就不必管了。这是我想出来的办法，给大家开玩笑的。"

晏子郑重其事地说："大王，您错了。现在有多少百姓冻死、饿死，死后无人埋葬，您不去管，反倒有心思和周围的人取乐。这是轻视百姓、只顾自己啊！百姓听了这件事，必定不愿拥护您做国君；各国诸侯听说了，必定看不起齐国。内有不满的百姓，外被诸侯小看，再加上大臣们跟您学开心取乐，齐国危亡不远了。这难道是小事吗？"齐景公吓得出了一身冷汗，说："对呀！多亏你提醒了我。"

晏子就是这样聪明机智，劝君爱民。百姓、大臣、诸侯、君王都敬重他的人品和才华。

知过即改的信陵君

改过不吝。

——《尚书》

信陵君，名叫魏无忌，战国时魏国魏安釐王的异母弟弟。他与当时齐国的孟尝君、赵国的平原君、楚国的春申君都是著名的贵族，被称为"四公子"。

公元前257年，秦国出兵围攻赵国都城邯郸。赵王向魏王请求支援，魏王派出大将晋鄙领兵十万前去救援。但是，由于慑于秦军的气焰，当魏军行进到半途时，魏王命令晋鄙按兵不动，先行观望。见此，信陵君再三请求魏王下令进兵击秦，魏王不听。信陵君认为，魏赵互为唇齿，唇亡齿寒，赵国灭亡，必然威胁到魏国。于是他设法说服了魏王的宠妃如姬，窃得了魏王调动军队的兵符。信陵君和勇士朱亥带上兵符，假托魏王的命令，杀了大将晋鄙，夺得了兵权，击退了秦军，为赵国解了围。

事后，信陵君知道自己得罪了魏王，所以赵国得救后，他让其部将带领军队回魏国去了，他和门客留在了赵国。

赵王十分感激信陵君假传命令夺取晋鄙的兵权，而保全了赵国。私下里，赵王和平原君商议，要把五座城邑封赏给信陵君。信陵君得知此事后内心十分得意，显露出一副沾沾自喜、自以为有功的样子。有位门客向他进言说："有些事情不能忘记，而有些事情却不能不忘记。人家对您有恩德，您就不应该忘记；您对人家有恩德，希望您忘了它。公子您假传魏王命令，夺取晋鄙军队来救赵国，对于赵国来说，您是有功的，但对于魏国来说，您可算不上忠臣啊。公子您这样自傲地把救赵看作功劳，我私下以为您这样是很不应该的啊。"

信陵君听了门客的这一番话，惭愧得无地自容。

一天，赵王吩咐人打扫了庭院，宴请信陵君。赵王亲自迎接，行主人的礼仪，请信陵君作为贵宾从西阶上殿。按古代礼仪，西阶为上首。此时，信陵君侧着身子谦恭地推辞，跟随赵王自东阶而上。坐下后，信陵君连称自己有罪，因为辜负了魏国，对于赵国也没有功劳。

赵王和信陵君一直喝到接近黄昏，但赵王始终不好意思说出奉献五城的话，因为信陵君太谦虚了。

后来，信陵君留在了赵国。赵王送给信陵君一个地方，作为汤沐邑，就是斋戒自洁的地方。魏国也重新把信陵君封邑上的赋税收入送回给信陵君。后人对信陵君这种闻过深思、勇于改正的精神也给予了很高的评价。

宋弘劝桓谭改错

宋弘，字仲子，东汉长安（今陕西西安西北）人。汉光武帝时，他被提拔为负责监察、执法的中央高级长官。宋弘为官清正，尤其以诚实守信著称于世。

有一次，宋弘和沛国（今安徽濉溪西北）人桓谭交谈，见桓谭精通五经而不拘泥，批评俗儒而不乏真知灼见，很是敬佩，便推荐他做了参政议政的议郎。在桓谭上任前，宋弘语重心长地嘱咐桓谭说："你可要知道，我举荐你，是想让你以正直之道辅佐君主，做惊天动地的大事；而不是叫你去做那些只为博得君主欢心的小事。你可千万不要忘记啊！"桓谭点头答应，并重复了宋弘的嘱咐。

光武帝听说桓谭擅长鼓琴，就常常让桓谭弹琴。宋弘听说后，非常生气，派人把桓谭叫来。桓谭进屋后，宋弘不给他让座，责备他说："守信是人的重要美德。你曾亲口答应我，要以正直之道辅佐君主，做惊天动地的大事，可你竟然为讨好君主天天弹琴，耽误时光，空耗才华。你说是你自己改过，还是让我根据法律检举处罚你呢？"桓谭认错说："是圣上让我弹琴，虽非我故意，但也是因为

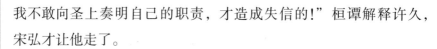

我不敢向圣上奏明自己的职责，才造成失信的！"桓谭解释许久，宋弘才让他走了。

后来，光武帝大会群臣，叫桓谭弹琴。桓潭立时想起宋弘的话来，便失去了常态。光武帝觉得奇怪，问是怎么回事。宋弘离开座位，摘掉官帽说："我向圣上推荐桓谭时，已经奏明了目的，就是希望他能以正直之道辅佐君主；而他呢，却叫您喜爱上了凡俗的音乐。他没有执行辅佐诺言，您没有履行用人的诺言。失信之过根源在我！我理应受到削职惩罚！"光武帝听了恍然大悟，由奇怪变为惭愧，由生气变为高兴，立时向宋弘表示了歉意，说："爱卿此言差矣，失信之过在我一人身上，与你们无关。"这件事使桓谭很受教育，后来他坚决反对荒谬虚伪的谶纬神学，几次差点被杀，都坚持不悔。

宋弘不仅严格要求别人，而且对自己更苛刻。他总是时刻约束自己言行一致。有一次，光武帝关心姐姐湖阳公主的婚事，细微地观察到她对宋弘有意。他就先让湖阳公主坐在屏风后面，然后召见宋弘，并试探道："俗话说'地位高了换朋友，钱财多了换妻子'，这是合乎人情的吧！"宋弘说："不过我听说的是'贫穷时候的朋友不能忘，一起度过贫苦生活的妻子决不能休弃'。"光武帝回过头来，对着屏风说："事情不成喽！"

了解宋弘的人都说："宋弘确实是一个诚实守信的人啊！"

智者的转变
——知错就改的力量

16

苏章劝友坦白自首

东汉顺帝年间，朝中名臣苏章因为政绩显著，被派到冀州（今河北一带）担任刺史。他童年时代的好友贾明在清河当太守，正好归他管辖。

苏章到任不久，清河就有人前来控告太守贾明贪赃枉法，欺压百姓。苏章接到状纸后半信半疑，因为在他的印象里，贾明和自己一样，从小就立下了长大后要报国安民的志向。那时候，他们俩人形影不离，一起读书写字，一起练功习武，后来又一起出来作官。虽然作官以后很少联系，但是，贾明难道能够忘掉童年立下的志向吗？他真是不敢相信。

不过因为案情严重，苏章还是决定派人前去清河查实，结果证明状纸上所说的件件属实。这时，苏章十分痛惜地说："贾明，贾明，你可真糊涂啊！"

朋友犯了国法，该怎么处理呢？苏章打算亲自去劝贾明坦白自首。

第二天，苏章带着衙役去了清河。刚刚住下，就在下榻的官邸设私宴招待贾明。酒席上，苏章对贾明非常热情，又是劝酒，又是添菜，两人兴致勃勃地谈论着童年时代的乐趣和友情。酒足饭饱之后，贾明乘着兴头对苏章说："现在做官不易，你如今是我的顶头上司，如果发现我有什么过错的话，请一定多包涵。"

这时，苏章很严肃地对贾明说："我们今天是朋友聚会，是私事。明天我就要作为冀州刺史来清查你的问题，那是公事。公事就得公办。听说，这些年你贪赃枉法，聚了许多不义之财。如果你想争取宽大处理，还是趁早主动坦白自首为好。"

"难道你就不讲朋友的情份了吗？"贾明嗫嚅地说。

苏章很果断地回答："你要知道，我是皇上派来专门惩治贪官污吏的。如果袒护了你，那我以后怎么去处理别人呢？如果听任贪污腐败的现象存在下去，发展下去，那就会民生凋敝，民怨沸腾，国家也不能强盛和安定。况且，你这么做也是违背了咱们童年立下的志向啊！因此，你还是应当坦白自首，这是我的忠告。你要知道，我苏章向来是依法办事的，绝不会为了庇护朋友去破坏国家的法制。你还是回去好好想一想吧！"

听了苏章的一席话，贾明低头沉思了一会儿。他再也无心喝酒，急匆匆地告辞了。

第二天天刚亮，贾明便来到刺史官邸，主动向苏章呈交了坦白书，退回了全部赃款赃物。苏章核实了贾明的罪证，如实上报朝廷，依法处罚了贾明。

苏章劝友坦白自首，办案不徇私情的事很快就在冀州一带传开了。大家都说，苏章是个清正廉明的好官。

郭太劝人改错

闻过则喜，知过不讳，改过不惮。

——《陆九渊集》

郭太是东汉时期著名学者，太原界休（今山西介休东南）人。他从小家境清贫，幼年丧父，是母亲含辛茹苦将他抚养成人。

为养家糊口，母亲托人给他在县衙找了个差事。他非常不高兴，对母亲说："我不能低三下四地去侍奉那些官老爷。我要做一个有学问的人。"于是，他不顾母亲的劝阻，自己背着行囊到成皋（今河南荥阳汜水镇西）求学去了。他先是拜屈伯彦为师，三年后离开成皋到洛阳游学，又拜河南太守李固为师。李固很器重他，与他结成忘年交。他的名声也随之在洛阳传开了，许多学者主动与他交往。但他还是想回到家乡去，造福乡里。他临启程时，洛阳的学者不约而同地前来送行，黄河大堤站满了人，光车子就上千辆。

回到家乡后，郭太以教书为业。他不但学识渊博，而且教学有方。他给天资好的学生增加教学内容，让他们精益求精；对于不用心学的，他循循善诱，"对症下药"。

有一个叫左原的学生，出了名的淘气，后因触犯法律，被学校除名。左原从此名声很臭，平时见人也是灰溜溜的。一天，郭太在

19

街上遇见了他，见他要往胡同里钻，连忙大声喊住了他，并说："走啊！陪老师喝酒去。"左原很羞愧，不愿去，可是架不住郭太的劝，三拉两扯被拉到了酒馆。酒馆里，左原闷闷不乐地坐在那里，低着头，一声不吭。

郭太说："又想过去的事儿啦！一个人难能可贵的是能认真地改正错误。战国时期，有个叫颜涿聚的人，原来是地方上的强盗，后来做了齐国的将军。再看看段干木，他年轻时品德也不好，可后来却做了魏国有才干的官员。就连孔夫子得意的门生颜回也曾犯过错！有了过错，不要怨天尤人，要深刻反省自己，痛改前非，争取做一个百姓爱戴的人，这才是努力的方向啊！"一席话，说得左原心里热乎乎的。自从被学校除名以后，他遭到的都是冷遇，人们的白眼他已看够了，从来没有人跟他这样交谈过。左原鼻子一酸，眼泪就流出来了。他站起来，给郭太深深地鞠了一躬，说："郭先生，今后我一定按您的话去做，绝不辜负先生的一番苦心。"

还有一个叫贾淑的青年，经常鱼肉乡里。乡里人都不敢惹他，称他为"小霸王"。可这个"小霸王"却非常敬重郭太，当郭太母亲去世的时候，他也来郭家吊丧。当时巨鹿的学者孙威直来吊丧，看到贾淑在场，很不高兴，还没进门便转身走了。郭太赶忙追上前去赔礼说："先生休怪，不是我有意接近名声不好的人，他主动来吊丧，靠近我，说明他有意改过，因此我接待了他。先生你看我这样做是否合适？"孙威直便不说什么了。

之后，这些话传到了贾淑的耳朵里。他非常感动，于是立志改过，终于成了受乡里欢迎的人。

郭太敬业精神强，做的好事很多，为乡亲造福，所以为后代传颂。

刘备责友

刘备（161—223 年），三国时期蜀国的建立者。刘备不仅善交朋友，和关羽、张飞结为异姓兄弟，还能诚恳地帮助朋友。

刘备和许汜两人推心置腹，无话不谈。有一天，刘备和荆州刺史刘表闲谈，评论起当世著名的人物，许汜也在座。当谈到徐州的陈登时，许汜插话说："陈登的文化教养太低了，总也脱不掉一股粗野人习气。"

"你有根据吗？"刘备诧异地问。

"当然有。"许汜说："几年前，他在吕布那儿做事，我去拜访他，他不但不搭理人，晚上他自己睡大床，却让我睡在小床上。"

刘备笑着说："他这样做是对的。"

许汜站起来正要分辩，刘备双手搭在他的肩上，诚恳地说："你在外面的名气大，人们对你的要求也就高了。现在兵荒马乱，老百姓够苦的了。但你不关心这些，只打听谁家卖肥田，谁家卖好屋，尽想捞便宜。陈登最看不起这种人，他怎会同你讲心里话呢？

他让你睡小床，还算优待你呢。若是我，就让你睡在地上，连小床也不让你睡。"

刘表大笑说："许汜，你快改掉这毛病吧。"许汜觉得刘备说得有道理，感激刘备批评人不留情面，并表示要改正自己的缺点。

孙权劝吕蒙就学

吕蒙，字子明，东汉末年汝南富陂（今安徽阜南）人。他英勇善战，是东吴的一员名将。

在吕蒙小的时候，因为北方战乱，他跟着母亲避乱到江东，青年时代就从军打仗，没有机会上学读书。虽然吕蒙英勇机智，又善于指挥，但是却缺少文化。

孙权很看重这位青年将军。有一天，他对吕蒙和另一将领蒋钦说："你们现在都负有重任，应该多读点书，借以增长自己的知识和才干。"

吕蒙推托说："军中事务太多，恐怕安排不出时间来读书了。"孙权开导说："我不是让你们专搞什么经学，做博士，只是希望你们多涉猎一些古书，从中吸取历史的经验教训罢了。你强调忙，难道比我的事务还多吗？我年轻时就读完了《诗经》《尚书》《礼记》《左传》《国语》，只是没有读过《易经》。掌管军政要务以来，又读了许多史书和诸家兵书，自以为大有裨益。你们二位很聪明，只要肯学，就会学好，为什么借故推托，自暴自弃呢？"

吕蒙听了孙权的一番劝告，深受感动。从此以后，他便利用一切零星时间，发奋攻读史书、兵书，知识越来越多，在军务上经常提出非凡的见解。

当鲁肃代替周瑜领兵镇守陆口，经过吕蒙兵营的时候，顺便去看望吕蒙。两人喝酒时，吕蒙问鲁肃："你身受重任，又同关羽的军队近在咫尺，将以什么计谋来防患于未然呢？"鲁肃随口回答："到时候再说好了。"吕蒙说："东吴和西蜀如今虽然联合起来共同抗魏，可是要知道，关羽对于我们来说，毕竟是熊虎之患，怎么可以不预先定下对付他的计策呢？"当即，吕蒙为鲁肃策划了五条对策。鲁肃听了，不由得肃然起敬，马上离开席位，伸手拍了拍吕蒙的脊背，感叹地说："我总以为老弟只会打仗，今天才知你学问竟然这样渊博，见解这样高明，真了不起！你已经完全不是当年在吴下的阿蒙了！"后来，鲁肃死了，吕蒙代其领军，袭破关羽，占领了荆州这个军事要地，为吴国建立了功勋。

孙权也曾这样赞扬吕蒙："像吕蒙、蒋钦这样，年长以后还能自强不息力求上进，这在一般人是做不到的啊！尤其是富贵荣华之后，尚能放下架子，勤奋学习，这就更是难能可贵了！"

阮女劝夫

魏明帝时，卫尉卿（官名）阮伯彦有个女儿嫁给高阳名士许允为妻。阮女能诗善赋，才德兼备，但长相不大好看。许允行完婚礼，进入洞房，揭开蒙头巾以后，才知自己娶了丑妇，一气而出，另居书房，再不入内。家里人屡劝不听，深以为忧。

过了几天，阮女正在窗前读《史记》，忽听外面报说有客人来访许相公，阮女便命使女去看客人是谁。不一会儿，使女报说："是沛郡桓范相公。"原来桓范与许允是好友，经常书信往来，这次路过许家，特来看望。

使女担心地对阮女说："老爷独居书房，视夫人如路人，太没道理。如果桓相公再议论夫人，恐怕老爷更不会进屋了。"阮女毫不在意地说："不用担心，桓相公不是那样的人，他一定会劝老爷进来看我的。"使女摇头不信。

桓范听许允诉苦后，果然进行规劝："阮家既嫁丑女与你，自是对你有情意。听说阮女容貌虽丑，却是很有才德，不亚古之无盐（战国时有德才的丑女）。贤弟万不可因小疵而轻大德，还是进屋去吧。"

经桓范多方劝说，许允方才勉强进房。谁知一见阮女，他马上掉头又走。

阮女见丈夫进来，万分欣喜，正欲起身迎接，见他才到身边马上又走，知道是嫌弃自己貌丑，心里又气恼又伤心。她料定许允这次出去之后，决不会再回，便上前拉住他的衣襟，低头说道："你我既已成婚，就是百年夫妻，理应朝夕相处，相敬如宾，怎能长居外屋，刚来即走呢？"

许允本已嫌阮女貌丑，误己终身，心中一直不快，现在见她竟然拉住自己的衣襟，不让出去，更加厌恶，便生气地质问道："古人说，妇有四德（妇德、妇言、妇容、妇功），你具备了哪几德呢？"

阮女抬起头来，从容不迫地回答道："新妇所乏，惟有容貌。其他女德、女工、女言皆无所缺。然而士有百行，君其有几？"

许允傲然地说："百行皆备。"

阮女见他毫无谦逊之意，竟然自吹自擂，便正色说："百行之中，以道德为首，你看人只看外表，好色不好德，第一条就不合格，能说是百行皆备吗？"

见阮女义正辞严，许允无话可答，面现惭愧之色。阮女见丈夫有愧色，心中暗喜，便请他入座，又叫使女摆酒取菜，与许允对饮。许允见夫人言语温柔，有德有才，心中也渐渐有了转意。

后来许允为吏部郎，选官多用同乡。魏明帝听说此事后以为他结党营私，卖官鬻爵，便命武士逮捕许允。阮女听到这个消息并不惊慌，还劝诫许允说："明主可以理夺，难以情求。这次面见皇上，只可讲明用人选官的道理，万万不要一味哀求，那样反会引起皇上的不满，带来大祸。"许允默记于心。到了金殿之后，魏明帝厉声

问许允道："有人告你选任官吏，多用同乡，可有此事？"许允俯首答道："确有此事。"魏明帝怒气冲冲地说："先皇武帝一向任人唯贤，你选任同乡为官，结党营私，败坏朝纲，该当何罪？"

许允挺身答道："孔子曾说举荐官吏是国家大事，一定要举荐自己熟知的人。春秋时，祁黄羊举贤不避仇人，不遗亲子。臣之同乡，都是臣所深知的贤人。请陛下派人考查臣所举荐的同乡是否称职，若不称职，臣甘愿领罪！"

魏明帝听许允说得有理，方才息怒，马上派人进行考查，方知许允举荐的同乡个个德才兼备，全都称职。于是魏明帝才让许允继续任职。

许允出狱回家，方知夫人有先见之明。从此，许允愈加佩服夫人的才德，再也不嫌她貌丑了。

李勣教人惜粮

> 忠言逆耳利于行，良药苦口利于病。
>
> ——《增广贤文》

李勣（594—669 年），本姓徐，名世勣，字懋功，曹州离狐（今山东菏泽西北）人，后赐李姓，为避太宗讳，去"世"字，单名勣。李勣是唐初大将，任唐右武侯大将军、司空等职，曾被封为东海郡公、曹国公、英国公。

李勣官高位显，禄厚薪丰，却十分节俭，尤其以悯农爱粮著称。

相传一天，家乡一个年轻人到京都拜访李勣。吃饭时，桌上只有几盘素菜和几个麦饼子。李勣谈笑风生，大口大口地吃着。年轻人呢，吃了几口菜，觉得味道清淡，就懒得伸筷了，之后又咬了几口饼子，觉得饼子很硬，就把饼皮撕下来，偷偷扔在地上。

年轻人的举动被李勣看见了。李勣心里很不高兴，便对年轻人说："年轻人，我想向你请教一个问题！"年轻人道："您老见多识广，何言请教？您有什么话只管说吧！"

李勣说："我自幼家富，不知这饼子是怎么来的。你生在农村，一定熟悉，能讲给我听听吗？"年轻人回答："这很简单，经过犁、耙、种、锄、收、打，便可得到麦粒；再将麦粒磨粉，就可得到面；再将面用水和，上锅烙，便可得到饼子。"

李勣捋着胡子笑着说："哈哈，你说得不错。可是，这犁、耙、种、锄、收、打，还有磨、和、烙，就像你说得那么简单吗？锄得头顶烈日，脚踏灼土，大汗淋漓，嗓子冒烟！还得浇水吧，那可要吱呀呀不停地摇辘轳，从早摇到太阳下山，摇得腰酸背痛手又麻。年轻人，你没干过这些活吧？"

年轻人回答："我父亲从不让我干这些。"

李勣说："怪不得你这样不珍惜粮食呢！"

年轻人听了，面红耳赤。李勣令仆人拾起扔在地上的饼皮，用水洗净拿来，然后他一块块放进嘴里吃了起来。他吃得津津有味。吃完，他抹了一下嘴说："谁知一颗麦粒，千分苦啊！"

从此，年轻人改了旧习，李勣悯农爱粮的故事也被传为佳话。

柳公权除满破骄自成一家

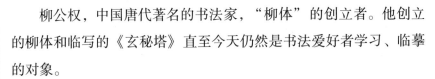

不贵于无过，而贵于能改过。

——王守仁

柳公权，中国唐代著名的书法家，"柳体"的创立者。他创立的柳体和临写的《玄秘塔》直至今天仍然是书法爱好者学习、临摹的对象。

柳公权自幼聪明好学，特别喜欢写字，到十四五岁时便能写出一手好字，经常受到老师的表扬。日子久了，他心里美滋滋的，不知不觉就骄傲起来，以为天下"唯我独尊"了。

有一天，他和几个伙伴玩耍。玩什么好呢？这个说捉迷藏，那个说摔跤。柳公权说："不行，不行，咱们还是比比谁的字写得好吧！"于是大家便在大树下摆了一张方桌，比了起来。

柳公权很快写了一篇，心想："我肯定是第一了，谁能比得过？"他心里这样想着，脸上也显露出扬扬得意的神情。这时，从东面走过来一位卖豆腐的老汉。这老汉看出了柳公权的傲气，决定给他泼点儿冷水。他说："让我看看。"他挨个看了一遍后说："你们的字都不怎么样。"

这对柳公权来说，真如晴天打了个响雷，他长这么大还从未有人说过他的字不好呢。他又追问："我的字怎么样？"

"也不好。你的字就像我担子里的豆腐，软塌塌的，没筋没骨的。"老汉说。

柳公权一听老汉的评价，马上不服气地说："我的字不好，那么请您写几个让我瞧瞧！"

老汉笑道："我一个卖豆腐的，你跟我比有什么出息。城里有一个用脚写字的人，比你用手写的强几倍呢。如果不服气，你去瞧瞧吧。"

第二天，柳公权带着满肚委屈和狐疑进城了。进了城不久，他看见前面不远的一棵大树上，挂着一块白布，上面有三个大字：字画汤。树底下，许多人正围在一起，低头瞧着地上。柳公权急忙跑过去看：确是一位老人已失去双臂，正坐在地上用脚写字呢。只见地上铺着纸，他用左脚压着一边，用右脚的大拇指和二拇指夹住毛笔，运转脚腕，一排雄健有力的大字便出现在人们的眼前。众人一阵喝彩："好，好！"

柳公权都看呆了，真是山外有山，人外有人啊！自己有完整的手臂，还赶不上人家用脚写的字，自己还骄傲自满，自以为天下第一了，真是惭愧！

想到这里，柳公权来到无臂老人面前，双膝跪倒，说道："先生，请您教我写字吧。"

无臂老人推辞道："我只是混口饭吃而已，能教你什么？"柳公权说："请您不要推辞了，您不收下我，我就不起来！"这老者见他情辞恳切，心里一动，说道："你要实在想学，那么你就照着这首诗练下去吧。"说罢，老人又用脚铺开一张纸，挥毫写下一首诗：

写尽八缸水，墨染涝池黑；
博取众家长，始得龙凤飞。

这首诗，是无臂老人一生练字的真实写照。那意思是说，只有练字用尽了八缸水，染黑了涝池水，再博取众家之长，虚心学习，才能写出苍劲有力、龙飞凤舞的字。

柳公权是个聪明人，早已领会了这诗中的寓意。他不但懂得了写字必须勤写勤练，虚心学习，更懂得了做人亦不能恃才傲物，否则将一事无成。

他怀着不可名状的感激之情，接过了老人的诗，急切又羞愧地回到了家。从这以后，他再也不在人前炫耀自己，每日里挥毫泼墨、练笔不止，悉心研究揣摩名人字帖，最后终于练成流传千古、影响深远的"柳体"。

段秀实劝郭晞整顿军纪

> 克治大过固不易，克治小过犹独难。
>
> ——梁启超

安史之乱以后，中兴功臣郭子仪名震朝野，他的儿子郭晞也当了兵部尚书。他们父子统领的军队号称"郭家军"。

郭家军多年驰骋疆场，很能打仗，但平时管束不严，纪律松弛。有一次屯兵邠州（今陕西郴县）时，将士们竟然在大白天进店铺强拿东西，看见不顺眼的人动手就打。当地的地痞流氓觉得郭家军是个靠山，就纷纷找关系、托门子，在军营里占个空名，穿上军装在邠州城里为非作歹。

面对郭家军的不法行为，邠州节度使白孝德虽然心里不满，但因他害怕得罪郭家父子，所以不敢去管。泾州刺史段秀实有一次来邠州，看见这种状况十分焦急。他跑去问白孝德："您受朝廷委派治理邠州，现在这里乱成这个样子，您怎么不管呀？"

白孝德说："郭家军的名气很大，我敢管吗？"

段秀实说："您如果委派我在邠州管理治安，我就有办法制服那些郭家军里的不法分子。"

白孝德说："这还不好办吗？我现在就任命你为邠州的都虞侯，专管治安。"

段秀实上任后，立即贴出告示整顿治安秩序，宣布若有横行不法之事，无论是谁都要从严惩处，轻则鞭笞，重则斩首。

告示刚刚贴出，就有几个郭家军的兵丁在酒馆里喝酒闹事。他们用刀刺死店主，还砸碎了酒瓮，酒流得满街都是。段秀实闻讯，立即派出执法队，将闹事之徒全部抓起来就地正法。当地百姓看见这伙祸害地方的家伙受到惩处，都十分高兴。

可是这消息一传进郭家军的营房，兵士们就大吵大嚷起来。他们要求主帅郭晞下达命令，去和邠州节度使属下的人大干一场，取下段秀实的脑袋。

这下子可把邠州节度使白孝德吓坏了。他向段秀实说："你闯了这么大的祸，可咋办呀？"

段秀实说："你不要害怕，我亲自去和他们讲道理！"

白孝德要派一队兵丁随同前往。段秀实坚决不带一兵一卒。他解下了自己身上的佩刀，骑了一匹老马，就去了郭家军的营房。

郭家军的兵丁全身披挂，已经整装待发。段秀实看见这个阵势赶忙迎上去，一面笑着打招呼，一面若无其事地说："你们要杀一个手无寸铁的老汉，还用得着这么大动干戈吗？我今天已经把自己的头带来了，等见过郭尚书，就由你们处置我吧！"

经过允许，段秀实进了营门。他一见到郭晞，就开门见山地说："你父亲郭子仪老令公是中兴功臣，大家都很敬重他，你应该珍惜。可是现在你却纵容部下在邠州横行不法，万一激起民变，朝廷就会怪罪下来。到那时，郭家的名声也就全毁了。"

郭晞听了这话猛然醒悟。于是，他怀着感激的心情对段秀实说："您指教得很对。我一定听从您的劝告，严惩那些行凶作恶的人，把部队的纪律整顿好。"说完，他转头命令侍卫："快去传达我的命令，全军将士一律回营房休息。今后谁再上街胡闹，定严办不饶。"

从此以后，郭家军军纪肃然。邠州地方的社会秩序也安定下来了。

赵匡胤改邪归正

> 知不足，然后能自反也。
>
> ——《礼记》

相传，宋朝开国皇帝赵匡胤年轻时武艺超群，随身总是携带一根盘龙棍，时不时舞上一阵，但他有武无德、不务正业，整天泡在赌场里吆五喝六，和赌徒们一起鬼混，输多赢少。父母、亲戚、好友的规劝，他左耳进右耳出，根本不当回事。

一个盛夏的夜晚，赵匡胤输得分文皆无。他口干舌燥，又饥又渴，正好路过一片西瓜地，便蹑手蹑脚、猫着腰进去偷瓜吃。借着月光，他挑选了一个又大又圆的西瓜，一拳砸开就狼吞虎咽地吃起来，却被躲在暗处看瓜的王老汉逮个正着。赵匡胤提起盘龙棍拔腿就要跑，却被王老汉一把拉住。王老汉厉声喝道："瓜吃完了吧？给钱！"赵匡胤以为王老汉要讹他，就想耍赖，脖子一横，问："你要多少钱？"没想到，王老汉伸出一个手指头说："看你也没多少钱，不跟你多要，也不难为你，就要一文钱。"这下赵匡胤傻了眼，他往衣袋里摸了又摸，把衣袋翻了个底朝天，硬是一文钱也掏不出来，急得脸都憋红了。实在找不到钱，他便双手把盘龙棍递给王老汉作抵押。王老汉拿过盘龙棍，两眼盯着赵匡胤叹道："可惜呀可惜！这条盘龙棍要是拿在英雄手里，可建功立业、治国平天下；今天拿在你手里，却只能在赌场里耍威风、瓜棚里作押头！"

王老汉几句肺腑之言，说得赵匡胤无地自容。他暗下决心，从此改邪归正，永不进赌场。

后来，赵匡胤果真远离了赌场，任凭赌友怎样引诱，他立场坚定，决不踏进赌场一步，专心致志地习文练武，并关心国家大事。

十年后，赵匡胤登上皇位，做了大宋王朝的开国皇帝。这时，看瓜的王老汉已经作古（去世），为了感念王老汉当年劝诫之恩，赵匡胤下旨为王老汉大修坟墓，并亲手写下"义士王老汉之墓"的碑石，命令地方官要定期祭奠并修葺坟墓。

王安石教人节俭

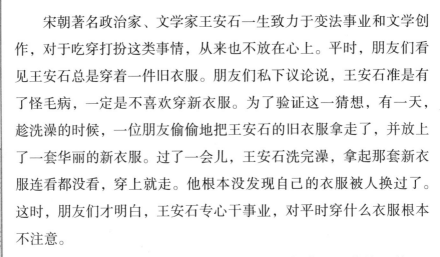
　　宋朝著名政治家、文学家王安石一生致力于变法事业和文学创作，对于吃穿打扮这类事情，从来也不放在心上。平时，朋友们看见王安石总是穿着一件旧衣服。朋友们私下议论说，王安石准是有了怪毛病，一定是不喜欢穿新衣服。为了验证这一猜想，有一天，趁洗澡的时候，一位朋友偷偷地把王安石的旧衣服拿走了，并放上了一套华丽的新衣服。过了一会儿，王安石洗完澡，拿起那套新衣服连看都没看，穿上就走。他根本没发现自己的衣服被人换过了。这时，朋友们才明白，王安石专心干事业，对平时穿什么衣服根本不注意。

　　至于吃饭，王安石从来也不挑拣，家里做什么，他就吃什么，只要能吃饱就行了。后来，王安石做了宰相，家人们私下传说他爱吃肉脯。这话传进王安石夫人的耳朵里，夫人好生疑惑，心想："相公平日吃东西从来不挑拣，难道做了宰相口味就变了吗？"想到这里，就唤来家人问道："你们怎么知道相公爱吃肉脯呢？"家人答道："我们亲眼看到相公不吃别的，只吃肉脯。"

智者的转变
——知错就改的力量

夫人想了想，又问道："吃饭时，肉脯放在什么地方？"

家人说："放在相公面前。"

夫人心中一动，吩咐说："明天吃饭时，你们把肉脯放到离他远的地方去，把别的菜放在相公面前，看看相公怎样。"

第二天，家人来报告说："我们照夫人的吩咐做了，今天相公只吃了眼前的菜，那盘肉脯连动也没动。"

身为宰相的王安石，虽官高禄厚，但不讲究吃穿，招待来客也不失节俭。

一次，王安石儿媳家的亲戚萧姓公子来汴京游玩，特地穿上华衣锦服来相府拜访。这位萧公子在家娇生惯养，吃惯了美味佳肴。这次来相府，他满心以为会有什么珍馐美味，可以大饱口福。一上午，他禁食节茶，以迎盛宴。

时近中午，仆人来唤。萧公子跟随仆人来到餐厅。出乎意料的是，桌上只有几盘家常菜，几杯薄酒。他有些失望，又一想："宰相府焉能如此寒酸！"酒过三巡，王安石说了声："进汤饭来！"随后，仆人便把一盆汤和两盘薄饼放在桌上。萧公子彻底失望了，只好拿起一张饼，去掉边和皮，勉强吃了饼心，便撂筷了。这萧公子哪里知道，这便饭还是王安石的待客饭呢，他平日只有一菜一汤啊。王安石看了看桌上的残饼，心想："百姓多有食草根、树皮、观音土者，年轻人竟如此不知节俭，怎能兴国立业！"于是，他对萧公子说："公子，你读过唐朝李绅的悯农诗《锄禾》吗？"萧公子答道："读过。"接着背了起来："锄禾日当午，汗滴禾下土。谁知盘中餐，粒粒皆辛苦。"王安石捋着胡子说："背得好！公子，你一定知道这诗的含义吧？"王安石的小儿子抢着说："我知道，是说农夫顶着晌午的烈日去锄禾，汗滴洒在禾苗下面的土里。谁能知道盘子里的饭，一粒粒都是辛苦劳动换来的。"王安石道："说得好。

既然这盘中餐，粒粒皆辛苦，我们把这残饼吃了吧！"说完，拿起一块，大口大口地吃起来。萧公子赶快抢着吃……

王安石倡节俭食残饼的事，一时被传为佳话。

寺僧惜谷

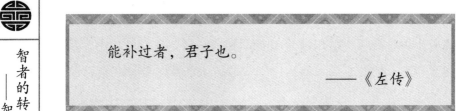

能补过者，君子也。

——《左传》

北宋末年，汴京（今河南开封）城内的大佛寺侧住着一位姓王的财主。王财主一家老小个个挥霍浪费，每顿的白米饭和鸡鸭鱼肉，要是不合口味，全都拿去倾倒在阴沟里。一些亲朋友邻实在看不惯，一再劝诫他们注意节约。王财主不仅不听劝告，反而气势汹汹地说："我家里的事，旁人休得多嘴！"

宋徽宗宣和四年（1122 年），金兵南侵，包围了京城。城内粮食断绝，王财主一家人饿得面目浮肿、叫苦连天，后来实在忍不住了，王财主便带着几个有气无力的儿子到大佛寺，准备挖剥寺庙内榆树的根、皮充饥。

他们来到几株大榆树下，正准备动手，一个和尚走到了他们的面前，大声劝阻道："王施主，你们别挖了！"

"啊哟哟，大师父行行好，我家里什么可吃的都没有了，一家老小快饿死了，实在受不了呀！"王财主以为和尚不让他们挖剥榆树，便哀声乞求。

"饥饿是不好受啊！"和尚叹了口气说，"不过，你们也不用挖树剥皮，跟我来吧，我让你们看一样东西！"

王财主父子满心疑惑地跟着和尚经过佛殿，来到寺院的后仓。

一进后仓，他们不由得大吃一惊：在他们面前是一座用竹席围住的像小丘似的干米堆。

"大师父！"高兴得手舞足蹈的王财主叫了起来，"真没有想到你竟积藏了这么多的白米，阿弥陀佛！阿弥陀佛！"接着，他连忙给和尚作了一个揖，恳求道："师父大慈大悲，多少赏一点给我们填肚活命！"

"这……"

"啊哟！大师父！救人一命，胜造七级浮屠，我们给你跪下了！"王财主说完，拉着儿子跪在地上。

"唉！"和尚深深地叹了一口气，说道："快别这样，回去拿家什来，把这米都搬回去吧！"

"什么？都给我们？！"王财主简直不敢相信自己的耳朵。

"不用惊讶，让我告诉你们这些米的来历。"和尚接着说道，"自贫僧来到大佛寺削发出家以来，每次路过你家后院，总看到阴沟里流出一槽槽的白米，真叫人看了心痛啊！俗话说，一米一粟，当思来之不易，于是，贫僧每日用钵从沟中将米捞起来，用清水洗净，晒干后存放在这库房之中，日积月累，竟有了这么多。这些粮食原来都是你家的呀！你们搬回去吧！"

王财主和他的儿子听了和尚这番话，羞愧得满脸通红，愣在那里不知说什么好！

和尚接着正色道："物归原主，理所当然，快搬回去吧。不过，

贫僧有一言相赠，不知施主是否愿听？"

"请指教，请指教！"王财主忙答道。

"'谁知盘中餐，粒粒皆辛苦'，此乃唐朝诗人李绅的两句名诗，望你们日后牢记！"

王财主连声说道："一定牢记，一定牢记！"说完，千恩万谢，回家找来箩筐，把米一筐一箩地抬了回去。

海瑞教下属节俭

> 人之有过，苦不自知，唯旁人视之甚明，必须虚己下问，始得闻而改悔。
>
> ——石成金

明朝著名清官海瑞，耿介忠贞，刚直不阿，不畏权贵，甚至上疏批评皇帝。他在生活上也十分俭朴，反对奢侈浪费。他常说："人应正直节俭。正直的人必会节俭，因为正直的人明事理。不节俭就很难正直，奢侈浪费与贪污腐化是很接近的。"

他对家人说："我的薪俸不高，家中人口又多，一定不可浪费。饭食清淡一些，不要经常买肉。"有一天，因为海瑞的母亲过生日，他家仆人才破例一次买了两斤肉。

作为县令，送礼行贿者大有人在。海瑞一概拒之门外，也严禁下属贪赃枉法。有些好心人见他日子过得节俭清贫，就时常送些蔬菜之类，海瑞发现后及时退回。他在衙门的空地上开垦了一片菜地，种上了新鲜蔬菜。

为了节省开支，他还让家人闲暇时都上山砍柴。

1569 年，海瑞升任右佥都御史、钦差总督粮道巡抚应天十府。这个职务权力很大，地位显赫，每次出巡，按朝廷规定，前有鼓乐引导，后有护卫，左右有旌旗官牌，三班六役，前呼后拥，十分威风。海瑞看不惯这一套劳民伤财的制度，很想废除它。于是，他下令，每次出巡，不再用鼓乐仪仗，也不许当地官员出城迎送。

过去，地方上的官吏常常利用上司巡视搜刮民财，翻建住房，新建馆所。为了杜绝这种现象，海瑞通知沿途各县，不要改建、新建房屋，也不许添置设备，就连房中用品也不必更换，因陋就简，有住的地方就可以了。

不久，海瑞再次出巡，去的第一个县是他十分熟悉的地方。

到了县界，果然没有人迎接，住进驿馆，一切也都如旧时一样，没有添置新设备。海瑞对此感到很高兴。

知县送海瑞来到驿馆的正厅。海瑞曾多次来这里。他习惯地站在堂前打量一下全室，然后坐在椅子上休息。陪同的人也都一一入座。海瑞刚要让县令汇报情况。突然，他觉得椅子有些不对劲。他伸手摸了摸椅子坐垫，心里明白了。他站起身，走到卧室。一看，卧室里的被褥，还有那椅子的椅垫都换成了崭新的绸面。

海瑞很生气地质问知县："三令五申，你怎么明知故犯！我明明记得那旧的绸面并不破旧，为何更换？"

县令面带愧色，说："下官想……"

海瑞大声呵斥说："想让我住得舒服，想让我高兴，对不对？我不需要！我看到这些并不高兴！"

县令受到申斥，他并不委屈，只感到海瑞清廉刚正名不虚传。他忙说："我立即让下人们换下，仍恢复原貌。下官一定记住大人的叮嘱。"

郑板桥劝塾师改过

有过必悛，有不善必惧。

——《国语》

清高宗乾隆元年（1736 年），郑板桥考中进士，后被派到山东范县（今河南范县）任知县。不久，他又被调到潍县（今山东潍县）任职。在潍县期间，他爱民如子，办事勤谨。为了实现"读书志在圣贤，为官心存君国"的愿望，他经常微服私访，了解民情。

相传有一天，郑板桥办完公务，换了便装，独自离了县衙，到乡间去查看乡情。路过山弯的麻柳树时，忽然听见旁边的私塾传来讲书的声音，不由心里一动。他在做官前，卖过画，办过教馆，对教书一向关心。他想，不知这塾师讲得如何，何不去听一听呢。他来到私塾窗前，这时，塾师讲书的声音清晰地传入耳中："为人之道，'临财母苟得，临难母苟免'。就是说，遇到不应该得的钱财，要坚决拒绝，不能随便要；遇到危难时，要勇于承担责任，不要推脱。能做到这样，就算是懂礼的人了。"郑板桥一听，方知塾师在给学生讲《礼记》，道理解释得对，就是把字音读错了。《礼记》的原文是"临财毋苟得，临难毋苟免"。塾师把"毋"（音"无"）念成"母"，读了别字，他认为应当马上向塾师指出来，以免误人子弟，于是他推门而进，走到塾师面前。

那塾师是个衣着简陋的中年人。他见郑板桥一身布衣，貌不惊人，未经许可便突然闯入，打扰了他讲书，便生气地问道："你是什么人？怎敢擅入讲书之地？"

郑板桥笑道："愚下乃过路之人。适才窗前聆听讲书，大开茅塞，获益良多。只是有一字不明，尚望老师赐教。"

塾师见郑板桥态度谦恭，以为是山野村夫，便傲慢地问道："何字不明？"

郑板桥不慌不忙地回答说："刚才老师念到'临财母苟得，临难母苟免'，不知这句中的'母'字作何解释？"

塾师以为郑板桥识字不多，孤陋寡闻，便趾高气扬、摇头晃脑地解释说："母者，莫也，有何难懂？"说完还面露得意之色。

郑板桥见塾师继续认别字，且态度傲慢，便毫不客气地批评说："老师你错了，'母'乃'公母'之母，'毋'字才能作'莫'字解，'毋'音'无'，中间一笔拖出，'母'与'毋'形近音异，你要读成'毋'字才对。"

塾师这时方知遇到了行家，有些心虚，但嘴上仍然强硬地说："多少年来我就是这么读的，决不会错，就是'母'字。"

郑板桥见他十分执拗，便提高声音严肃地说："老师，你知错不改，这样教书，是要误人子弟的。"

塾师见郑板桥当着众学生的面训他"误人子弟"，伤了他的脸面，就怒气冲冲地责问："你是什么人？竟敢当众教训我？"

郑板桥却不回答，不慌不忙地从衣襟中拿出两方他在画幅间常用的印章，交给塾师。塾师见一方印是"七品官耳"，另一方印为"康熙秀才雍正举人乾隆进士"，方知是能诗善画、关心民情的知县大人到了，顿时吓得面如土色，连忙跪下叩头："小人有眼不识泰山，胡言乱语，冲撞大人，请大人恕罪！"

郑板桥严肃地说："冲撞我倒不必计较。只是你念错了字，还坚持不改，如此为人师表，岂不是误人子弟！"

塾师一听郑板桥言下有辞退他之意，惶恐不已，连连叩头："小人才疏学浅，实不敢滥竽充数，只是时值荒年，生计艰难，万望大人格外开恩，仍让小人在这里教书糊口吧！"

郑板桥把手一摆，说："你起来吧！"

塾师以为郑板桥同意他继续教书，高兴地爬起来，又连连打躬作揖致谢："多谢大人开恩！"

郑板桥严肃地说："别忙，你想教书不难，我出个对子考考你，对得上就让你继续教书，对不上嘛……"说到这里，他停顿了一下。

塾师幼时学过《笠翁对韵》，现在还记得一些，以为对对子不难，便连忙答道："对不上，小人情愿辞馆。即请大人出对！"

郑板桥坐在椅上，提笔在纸上写了上联："曲礼篇中无母狗。"

塾师见县太爷以他刚才念错的字出联，不由满面含羞，低下了头。这样的上联在他学过的《笠翁对韵》中，没有现成的对子。塾师搔头抓耳，想了好半天，仍然对不上来，就收拾书箱、被盖，羞愧地离开了。

三年后的一天下午，郑板桥理完公事，回到后衙休息。他随手翻看《礼记·曲礼》，发现了夹在书中考塾师的上联"曲礼篇中无母狗"，不由想起了三年前塾师含羞离馆的事。那个塾师现在情况如何呢？教书糊口确也不易，那时怕是对塾师过于严厉了吧？他不禁想起自己当秀才设馆时写的《教馆诗》，深有感触，便提笔抄写在纸上：

> 教馆本来是下流，傍人门户渡春秋。
> 半饥半饱清闲客，无锁无枷自在囚。
> 课少父兄嫌懒惰，功多子弟结冤仇。
> 而今幸得青云步，遮却当年一半羞。

抄完诗后，他不由叹了口气，往年教书不易，现在做官也难啊！想到做官之难，他又联想起前些时候送给巡抚一幅画竹上的四句诗："衙斋卧听萧萧竹，疑是民间疾苦声。些小吾曹州县吏，一枝一叶总关情。"便把《教馆诗》放在一边，又画起竹来，刚画一会儿，家人进来报说："禀老爷，门外一个秀才求见。"

郑板桥一边画竹，一边回答："有请！"

不多时，一个衣冠整齐的秀才走进门来，见了郑板桥倒头便拜。

郑板桥连忙扶起，仔细一看，原来是三年前羞愧辞馆的那个塾师。见他换了秀才装束，郑板桥高兴地说："三年不见，你中举了，可喜可贺！"

秀才感激地说："三年前多蒙大人训教，学生才能闭门思过，发奋攻书。如今侥幸得中，这都是大人督促之恩啊！"他说到这里，就从衣襟中掏出当年的对子，恭谨地递到郑板桥手里，接着又说道："这是大人出的上联，学生已经对出来了，请大人指正！"

郑板桥一看，纸上用工整遒劲的楷书写着一副对联："曲礼篇中无母狗，穀梁传外有公羊。"看完后，他才知道塾师三年来已认识到自己读别字的错误，认真读过古书，对《春秋》三传——

《左氏传》《公羊传》《穀梁传》都很熟悉，便高兴地说："对得好！对得好！'穀梁传外'对'曲礼篇中'，'有'对'无'，'公羊'对'母狗'，字字工稳，妙语天然。士别三日，当刮目相看，三年不见，判若两人。有如此才学，你现在可以当老师了！"

说完，他提笔补了两笔，把竹画完，马上落款，然后送给秀才，又说了一番鼓励的话。秀才千恩万谢，高兴而去。

义责任伯年

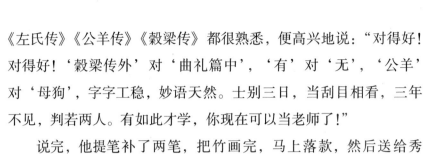

人非尧舜，安能无过？过而能改，且改之又改，即是圣贤功夫。

——《陈确集》

相传，晚清著名画家任伯年成名以后，向他求画的人日益增多。而他却疏懒起来，常常是收了别人的画资，一年半载不给人家作画；有时去催问他，不是含糊其辞，拖延时日，便是闭门不见。

有一天，任伯年的两个朋友戴用柏和杨伯润路过他的家门外，看见一个十几岁的孩子正倚墙伤心啼哭。他们非常奇怪，上前问道："小孩，你为啥哭啊？谁欺负你了吗？"孩子一边抹泪水，一边诉说道："不是，我是来向任先生讨画的！"戴、杨二人更感诧异，问道："讨画为何在此啼哭呢？"孩子说道："我是前街珠宝店的学徒，老板在半年前给任先生二十两银子，请他作画，本说一月画好，老板便叫我来讨画，哪知道，我来了四五趟，任先生都没有画好，每次空手回去，老板总是骂我无用。今天，老板又叫我来，说是再讨不着，就把我赶出店去，可是任先生仍未画好，呜呜……"说着他又大声哭了起来。

戴用柏是个急性子，听了孩子的哭诉，气得大声说道："成了名的画家就该这样拿架子拖拉害人么？"说完，他叫孩子等着，拉着杨伯润闯进门去。

一走进任伯年的卧室，只见任伯年正懒洋洋地横躺在床上睡觉。

"快起来！"戴用柏怒气冲冲，猛地把桌子一拍，大声叫道。

任伯年吓了一跳，急忙坐起身来，问道："出了什么事了？"

"什么事！我且问你，为什么收用了别人的画资却半年不画，害得那小孩子在外面啼哭，这是什么道理？！"

"这个……"

"别这个那个的，马上给人家画好！"戴用柏不由分说，把任伯年一把拉起来。

"好，你们不用生气，我马上给他画。"任伯年理亏，只得皱着眉头走向画案。

戴、杨二人给他铺纸研墨，等着他作画。

任伯年不愧是大手笔。他稍一凝思，即提笔落墨，不一会儿，一幅柳林落日的山水画就画好了。

这时，戴用柏高兴地笑了起来，拍了拍任伯年的肩头说："这才对嘛。不过，望你老兄今后再不要偷懒了，免让人耻笑！"一席话，说得任伯年脸红了。戴用柏说完便将画幅拿出去交给了那孩子，孩子接画后，千恩万谢而去。

林纾给先生送米

智者的转变
——知错就改的力量

林纾，福建省闽县（今福州）人，是清朝末年一位有名的文学家。

林纾从小就是一个心地善良、愿意帮助别人解决困难的人。在家乡，他从师于一位品格高尚、为人质朴的老先生。这位老先生也是一个乐于帮助别人的人，他生活很清贫，却常常把钱粮送给生活更贫苦的乡亲，而自己饿着肚子教孩子们读书。

有一天，老先生病了。林纾知道后，决定前往探望。当他走进老先生的家时，看见屋里陈设十分简陋，除了一些书籍、一张桌子、一把椅子和一张床外，就没有别的家具了。老先生虚弱地躺在床上，正在昏睡。林纾悄悄走到米缸前，揭开盖一看，不禁大吃一惊：里面一粒米也没有了！看着老师瘦弱的身体，林纾心里非常难过。他想："老师为了教导我们，花了很多心血，现在他生了病，又没有人照顾，连米也没有，饿着肚子，病怎么能好呢？我应该想办法，给老师弄点米来。"

林纾从老先生家里出来，就径直朝自己家跑去。

回到家里，大人们正好都不在家。林舒想："我何不把家里的米拿一些给老师送去呢？"可是，拿什么装呢？他环顾四周，忽然看见一双洗干净的袜子，他灵机一动："对，有了！"他拿起这双袜子，就去装了满满两袜子米，然后又向先生家跑去。

林纾到了先生的家，推门一看，老先生刚刚醒来。老先生看见林纾手提着一双鼓鼓囊囊的袜子，跑得满头大汗，十分奇怪，正要开口询问，林纾就抢先开口了。他兴奋地对老先生说："先生，我给您送米来了。"

老先生看着装得满满的两袜子米，又看了看林纾冒着汗充满稚气的脸，心里十分感慨地想："这是一个多么天真善良的孩子啊！"但他也感到很奇怪，装米为什么不用布袋，却要用袜子呢？这里边一定有文章。于是，老先生和蔼地问："你这是从哪儿弄来的大米呀？"林纾恭恭敬敬地回答道："我家里大人正好都不在，我就用这双袜子装了大米，给您送来了。"

老先生一听，神情一下变得严肃起来，他勉强支撑着身体坐了起来，非常吃力地说："我平时不是教育你们做事要光明正大吗？你怎么能不和家里大人商量，就悄悄把家里的米拿来送我呢？这不是和偷东西一样吗？这种米我吃下去，也会不舒服的啊！快把米送回去！"

老先生的一席话，使林纾深受教育。他本想说些什么，为自己辩解一下，但他不想再惹先生生气，于是两眼含着泪水，离开了老先生的家。

林纾回到家后，将老先生生病和自己送米的事情向父母讲了。父母也被老先生的为人感动了，他们将家中并不富余的米分出一部分装进布口袋，叫林纾赶快给先生送去，并嘱咐他，要好好照顾老先生。

这件事使林纾对先生的人品有了更进一步的了解。从此以后，他不仅努力向老先生学习文化知识，而且努力向老先生学习做人的道理，他对自己的先生更加敬重了。

第二章

闻错即改

许由隐居记

智者的转变
——知错就改的力量

在原始社会末期，那时候的首领是由老百姓选出来的，他们之所以能够被选上，是因为他们既能干，又公正，能够勤勤恳恳地为大家办事情。所以，在那时候，当首领是一件苦差事，既没有什么特殊的权力，还要白天黑夜地奔忙。

当时，有一位首领叫作尧，他对待老百姓非常仁厚，做每件事都要先替老百姓打算，而自己却吃野菜羹，穿最贱的鹿皮衣。他居住和办公的"宫"，除了大一些以外，也和老百姓的房子没有多大区别。在尧的治理下，老百姓安居乐业，丰衣足食，生活得非常愉快。

可是，尧到了晚年，有一件事很让他伤脑筋。他想到自己年龄越来越大，精力越来越不行，是时候找个人来接替自己了，可是一时间还找不到合适的人。

第二天，尧就把大臣们都叫来，对他们说："现在我已经老了，好多事情我办起来已经力不从心。虽然说新首领要老百姓来选，可咱们做公仆的，必须先找到合适的候选人，百姓才好选择呀。几年前，我曾经请那位叫巢父的高人来接替我，可他不愿意，以后就不知躲到哪里去了。现在你们看看，还有什么合适的人选吗。"

大臣们议论纷纷，因为这是选择新的首领，必须才干和品德都好的人才能胜任。所以谁也不敢贸然推荐。过了一会儿，老臣羲和忽然说："听说许由这人很有才干，可我没有和他打过交道，不知道是否名副其实。"

尧猛地一拍大腿，叫道："嗨，我真是老糊涂了，怎么把这位高人给忘掉了！"

大臣们也纷纷赞成，都说这人名气很大，应该把他请来，看看他能否胜任。尧当即决定派人去请许由。

可是，派去请许由的人接二连三地失望而回。他们说，许由一听说是请他去接尧的班，就什么话都不说把他们打发走了。

于是，尧决定亲自去找许由。

尧找到许由家里，一看许由，原来是个五十多岁的小老头，身材不高，却长得挺精神，只是态度很高傲。

尧谦恭地对许由说："许先生，俗话讲得好，日月已经升上天空，一支火把还想发出光亮，这不是太困难了吗？春雨已经降临，还要靠担水去浇灌，不是白费力气吗？先生您就如同日月，如同春雨，一旦站出来，必然会天下大治。可是现在我还有劳无益地占着首领位，实在问心有愧。请先生为百姓着想，代替我来君临天下吧！"

许由冷笑一声答道："您不要再说了，我是不会当什么首领的。您治理天下多年，已经挺有成绩了。这时候让我来代替您，难道是让别人来议论我是求虚名的人吗？要说我这人哪，就是只求实际，不图虚名。"

尧连忙说："您为百姓而治天下，怎么会有人说您求虚名呢？人们只会赞扬您为百姓献身呀！"

"嗨！您怎么不明白我的意思呢！我对这种赞扬一点也不感兴趣。您见过鹪鹩这种鸟吗？它在深林中做巢，有一根树枝也就满足了；我们这里的鼹鼠，它喜欢饮河水，只要能喝饱一肚子河水，它就别无所求了。我也是如此，只要能够温饱就心满意足了。您说天下需要人去治理，这是你们的事情，与我毫无关系。打个比方说吧，厨师不做饭了，祭师即使饿着，也不会代替厨师去做饭的。"

不管尧怎么恳请，许由就是不答应，尧只好扫兴地回去了。几天之后，有人来报告，说许由怕尧再去请他，不知跑到什么地方躲起来了。

许由跑到哪里去了呢？其实，他没走多远，就在颍水河对岸的箕山脚下住了下来。很快，就有人把许由的新地址告诉了尧。尧想："许由这样谦虚，不正是有真才实学的表现吗？我还是要想办法请他出来接替我。一下子办不到，我就分两步走。"于是，他派人去请许由来当九州长的职务。"九州长"实际上就是管理整个国家的负责人，只不过名义上不叫首领罢了。尧希望这样可以使许由答应出山，来治理国家。

没想到，派去的人刚把这个意思说出来，许由就把耳朵捂起来，脸上一副痛苦的样子，嘴里不住地喊："您不要说了！不要说了！这些话简直把我的耳朵都弄脏了！您回去告诉尧，我许由一生不图虚名，只求安安乐乐，清闲自在地活着。快走！快走！"

等来人走远了，许由才把捂耳朵的手放下来，嘴里还在嘟囔着："这些追求虚名的世俗之人啊，真叫我没办法。要我当什么九州长？这话听起来就叫人恶心！"他一边说，一边不住地用手掏着耳朵，越掏越觉得耳朵被那些话弄脏了。

"不行，我得去把耳朵洗洗。"于是他站起身，带上一顿干粮，向颍水河方向走去。他一边走，还一边掏着耳朵。

路上有人看见许由这副怪样子，就问他出了什么事。他回答说："嗨，别提了，尧派人来请我去当什么九州长，这些话真是俗不可耐，弄脏了我的耳朵，我要到颍水河边洗洗耳朵！"

人们听许由这么说，都觉得奇怪：怎么还有听人说话把耳朵听脏了的事呢？于是围观的人越来越多，大家议论纷纷，都摸不透许由的心思。

许由走了几十里路，来到颍水河边，那些围观的人已经回去了。他拣了块干净地方蹲下来，从河里捧起清凉的水来洗耳朵，先洗左边，又洗右边。洗了一会儿，他抬起头来，发现这里静悄悄地，一个人也没有，就停下来，打算歇息一会儿。

忽然，他听见有人从远处走过来，越走越近，他连忙又低下头去洗耳朵。

一个苍老的声音在许由身后响起来："这位老弟在干什么呀？"

许由回头一看，见是一位须发皆白的红脸老人站在那里，手里还牵着一头小牛犊。许由看这老人不像一个普通人，就又把事情的经过讲了一遍。

不料，老人听完之后，哈哈大笑，笑得连胸前的白胡子都抖动起来了。这下子把许由搞得莫名其妙，连忙问老人为何发笑。老人却不回答，只顾牵着小牛犊向河的上游走去，一路走，还在一路笑着。

许由忽然想起，有人曾告诉我，这附近的山里隐居着一位老人，就是当年拒绝尧的巢父。这位老人在山中的大树上建了个小木屋，就像鸟巢一样。所以大家都称他"巢父"。

他连忙追上去问道："莫非您就是那位德高望重的巢父老先

生吗？"

老人仍然在笑，也不回答许由，只顾走路。许由又跑到老人前面，拦住去路，说道："老先生只顾大笑，难道没有什么可以指教我的吗？"

老人这才停住笑，说："我是在笑你啊！你就是那个许由吧！我原来听说你这人德行不错，可没想到，你也是个表里不一，追求虚名的人啊！"

许由不禁打了个愣："您怎么会这么想呢？"

"你不必抵赖，你如果真是那么不愿当首领，干脆早点躲进深山，隐姓埋名不就完了吗？可你呢，还在外面招摇过市，想让人们都知道尧是怎样恳求你，而你又是多么清高地拒绝他。这只能说明你不是一个诚实的人，内心并不是真正的清高，只不过想骗取世人对你的敬佩罢了！"

说完，老人牵着小牛犊就要走，临走还说："嗨，真晦气！好不容易下一次山，又碰上这么个虚伪的家伙。你怕尧的话脏了你的耳朵，我还怕你洗耳朵的水脏了我这小牛犊的嘴唇呢！小牛啊，你忍一忍，咱们到河上游去饮水吧，这里的水不干净了！"

这番话说得许由满面羞愧，无地自容，他知道，这老人一定就是巢父老先生了。他望着老人的背影鞠了一躬，说道："承蒙您的教诲，我知道错了。"

第二天，许由就卷起铺盖，进山隐居去了，此后再也没有出过山。

晏子改过

> 与人不求备，检身若不及。
>
> ——《尚书》

春秋时期齐国的名臣晏子机敏过人，善于辞令，节俭勤勉，谦虚谨慎，曾在齐灵公、齐庄公、齐景公三朝任相国，名闻各诸侯国。晏子一生，有过很多众口皆碑的故事。这里说的是一则他敬贤、荐贤的故事。

有一天，晏子外出办事。天气很热，他叫手下人把车子驾到一个镇子边歇息一会儿。晏子刚在路边坐下，就看见旁边的一棵大树下聚集着很多人。这些人围着一个奴仆穿着的人，正在听他讲什么。晏子很奇怪，就走近去观看。只见讲话的人约四十岁年纪，相貌不凡，虽身为奴仆，但没有痛苦和抱怨的情绪，相反还在给围在身边的人讲着古代圣贤治国的故事。晏子听了一会儿，觉得这个人学识渊博，口才很好，便向周围的人打听。

后来，晏子又亲自去询问他。

晏子打量着他，只见他也在看着他。他大概能从晏子的穿着猜测晏子的身份尊贵，但他脸上的表情非常冷静，毫无惧怕的神色。

晏子问："先生，你是谁？怎么到这儿来了呢？"

奴仆回答："我叫越石父，齐国人，三年前被卖到这里给人当奴仆。"

"先生，"晏子继续说道，"刚才听你讲到古代圣贤的事，我知道先生是个不凡之人。可否请教先生治国的方法呢？"

"大人，"越石父施礼说，"说请教，实在不敢当。说到治国，我想，古已有法，我们何不效仿呢？"

"哦，你说说看，什么是古代治国之法？"晏子问道。

"大人，古代治国之法，重要的在于'养民'，使老百姓能休养生息，安居乐业，懂得礼节。要做到'养民'，首先就要做到减少刑罚，减轻赋税。减少刑罚，则老百姓不怨恨；减轻赋税，则老百姓知道感恩……"越石父侃侃而谈。

"有道理，说得有道理。我可以用钱物把你赎出来吗？"晏子听了很高兴，他知道，自己碰上了一个有才能的人。

"可以。"越石父说。

于是，晏子花钱赎出了越石父，请他上到自己的车上，然后拉着他一同回府。一路上，晏子同越石父一直在交谈着，两人谈得很投机。

回到府上，晏子让越石父和他一同来到客厅。晏子因为一路上走热了，加上同越石父谈得很高兴，就进到内室更衣，准备换了衣服出来同越石父继续谈。过了一会儿，晏子换好衣服出来，坐下正要跟越石父谈话。越石父突然站起来，向晏子行了一个礼，说："大人，谢谢你赎出了我。现在，我请求同你绝交，请允许我告辞。"

"什么！"晏子听了很吃惊。他想："刚刚还好好的，怎么突然就变了？是不是自己做了什么失礼的事？究竟为了什么？"

晏子也急忙站起身，正了正帽子，整理了一下衣服，严肃地说："先生，我晏婴虽然没有什么才能，但刚刚才将你从困境中解救出来，你为什么那么快就要同我绝交呢？"

"不对，大人，"越石父又行了个礼说，"我听说君子可以在不了解自己的人面前受些委屈，而在了解自己的人面前志向就可以得到伸展。刚才我在被囚禁中，别人不了解我，您既然受到感动将我赎了出来，就应该是了解我了。了解我就应该尊重我。而您先前坐车，不与我打招呼，我以为是您一时疏忽。刚才回到家里，您又没有同我打招呼就到内室去，过了好一会儿才出来，这就是失礼。既然了解我又对我无礼，那我还不如仍然回去做别人的奴仆。"

晏子听了越石父一席话，觉得很惭愧，急忙向越石父道歉。越石父原谅了他。从此，他将越石父待为上客。

孟孙请回秦西巴

> 在革命事业中，认识到自己的缺点就等于改正了一大半。
>
> ——列宁

孟孙是春秋时期鲁国的一位大夫，特别喜欢打猎。那年秋天，又到了山林果实累累、野兽出来觅取冬储食物的时节，这也是打猎的好时候。孟孙带着一帮人马出发了。

忽然，孟孙发现前方树丛中有一大一小两只鹿，他喜出望外，策马就追。那两只鹿发现了动静，飞快地跑起来，孟孙哪里肯放过它们，猛追不舍。这时，小鹿渐渐体力不支，落在后面，孟孙扔出一个套圈，把小鹿捉住了。他高兴极了，告诉他的部属秦西巴，说："今天运气真好，逮住了这只鹿。你先把它装进笼子里，我再去追追那只大的！"说完，一挥鞭子，又往前追去。

秦西巴把鹿笼往马背上一捆，翻身上马就往回走。他想："我一定要妥善地把小鹿送到家，瞧今天主公多高兴啊！"正走着，忽然听到身后有蹄声，而笼内的小鹿也挣扎着"呦呦"地叫。秦西巴回头一看，啊，那只大鹿正在十几丈外的地方跟着呢！秦西巴调转马头要追，那母鹿转身就跑。秦西巴想："我哪能追得上啊？把这只小鹿好生送回家吧！"他转身往回走，可是母鹿又跟上来了，远远地"呦呦"叫着，笼子里的小鹿也不停地挣扎叫闹。秦西巴听着听着，心中实在不忍，就把小鹿放了。小鹿飞快地跑到母鹿身边，回头望他一眼，就和母鹿一起跑了。

孟孙回到家，就向秦西巴要那只小鹿，可是一听秦西巴把鹿放了，不禁勃然大怒！他把秦西巴鞭打一顿，赶出了家门。

孟孙正在生气，他的夫人一手捧着简册，一手拉着孩子出来了，说："夫君，我正在教孩子读书，不知为何前厅这般吵闹？"当她知道孟孙因为秦西巴生气的时候，又问："不知秦西巴为何将鹿放了？"孟孙说："他说母鹿跟在身后一路鸣叫，他不忍心，就把小鹿放了。你说气人不气人？"夫人一听，望了儿子一眼，便安慰说："夫君息怒，秦西巴有此不忍之心，似乎可以原谅。我带孩子回房去了。"说完，领着孩子离开了。

孟孙望着夫人和孩子的背影，品味着夫人这句"不忍之心"，突然有所感悟：是啊，秦西巴有对鹿的不忍之心，自己便把他赶走了，这对吗？一个有爱物之心的人，一定也有爱人之心，自己却把他赶走了，错了，错了，大错了！

一年之后，孟孙把秦西巴请了回来。

秦西巴一见孟孙就说："主公，我是有过错的人。"

孟孙说："不，有过错的是我。我请你回来，做我儿子的先生。一个有仁爱之心的人，一定能当好老师！"

孔子认错

有过则改之，未萌则戒之。

——冯梦龙

相传，有一次，孔子与弟子子路、子贡和颜回到海州游览。孔子听到隆隆的声响，对子路说："山的那边在打雷和下雨，为何还要赶着去？"子路说："这不是雷雨声，而是海浪拍岸之声。"

孔子从未见过大海，想到海边去看看大海，于是，孔子一行乘车到了海边的朐阳山下。

孔子和他的弟子爬上了山顶，只见水天相连，海阔无际，他们都兴奋极了。这时，孔子感到又热又渴，他让颜渊下山去舀海水来喝。

颜回拿了盛器正要下山，忽听得身后有人在笑，大家都觉得很奇怪，回头一看，是个渔家孩子，于是就问他笑什么。那个孩子说："海水又咸，又涩，不能喝。"说完，他把盛有淡水的竹筒递给了孔子。

孔子喝了水，解了渴，十分感激那个孩子，正想道谢，忽然海风吹来了一阵急雨。子路一看着急了，大声嚷道："糟糕，现在到哪里去躲雨呢？"

那个渔家孩子对大家说："你们都不用着急，请跟我来！"说完，那孩子就把孔子一行领进一个山洞，这是他平时藏鱼的地方。孔子站在洞口边躲雨边欣赏雨中的海景，不由得诗兴大发，吟出了两句诗："风吹海水千层浪，雨打沙滩万点坑。"孔子的三个弟子都齐声赞扬孔子的诗做得好。那孩子却持反对态度，他对孔子说："千层浪、万点坑，你有没有数过？"孔子心服口服，对孩子的反诘表示赞同。

雨停后，那孩子又到海上打鱼去了。孔子回想起刚才发生的几件事，歉疚而又自责地对三个弟子说："我以前讲过唯上智与下愚不移，看来这并不妥当，还是应该提倡'学而知之''知之为知之，不知为不知'。"

颜回食污

> 反己，故常见己之过，故不贰也。
>
> ——《魏源集》

孔子率领他的学生到列国周游，在去陈国和蔡国的路上被困，一连七天没有吃上一口饭。孔子实在受不了，只好大白天也躺着睡大觉，想以此来忘却饥饿。

孔子的弟子颜回见老师饿得一天一天地瘦下去，心中十分忧伤。他想："我们这些年轻人或许还能挨上一些时光，老师上了年纪，怎能经得起这种折磨啊！万一在路上有个三长两短，那怎么办？我得设法去弄点吃的来。"

颜回也没有什么好办法，只好去向人乞讨。这一次真是巧，居然碰上一个好心肠的老婆婆，给了他点白米。

颜回高高兴兴地把米拿回来，倒在锅里，砍柴生火，煮了起来。不一会儿，饭熟了。

孔子这时刚好醒了，突然闻到一阵扑鼻的饭香，他很奇怪，便出来探看。刚一跨出房门，就看见颜回正从锅里抓起一把米饭往嘴里送。孔子又高兴又生气：高兴的是有饭吃了；生气的是，颜回竟然如此无礼，老师还未吃，他就一个人抢先吃了起来。

过了一会儿，颜回恭恭敬敬地端了一碗香喷喷、热腾腾的白米饭送到孔子跟前，说道："今日幸遇好心肠的人，送给我们一些大米，现在做好了，先请老师进食。"孔子一下站了起来，说道："刚才我在睡梦中见到去世的父亲，让我先用这碗洁白的米饭来祭奠他老人家。"颜回这时一把将那碗饭夺了回去，说道："不行！不行！这米饭不干净，不能用来祭奠！"孔子故作不解地问道："为什么说它不干净呢？"颜回答道："刚才煮饭时，不小心把一块炭灰掉到上面，我感到很为难，倒掉吧，太可惜了，但又不能把弄脏的饭给老师吃呀！后来，我把上面沾了炭灰的米饭抓来吃了。这掉过炭灰的饭是不能用来祭奠的！"

孔子听了颜回这番话，恍然大悟。他激动地拉着颜回的手说："回呀，你真是贤德的人啊！我真糊涂啊！"

后来，孔子感慨地对弟子们说："你们要记住：要认识一个人可不容易啊！"

乐正子春闭门思过

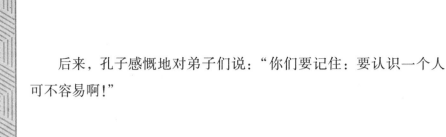

见善，修然必以自存也；见不善，愀然必以自省也。

——《荀子》

乐正子春，春秋时代鲁国人，曾参的学生。一天，他从高台阶上走下来，刚好有一群大雁从头上飞过。望着远去的大雁，乐正子春陷入了对人生的沉思之中，忘了自己正在下着台阶，一下子踩空了，跌倒了，崴了脚脖子，疼得直叫。

家人闻声跑来，将他扶起，搀到屋里，让他躺在床上，便跑去请医生。看着乐正子春疼得满是冷汗的面孔，母亲心疼得直掉泪，埋怨儿子毛手毛脚，不知爱惜自己，这么大了还让父母操心。儿子崴脚，母亲流泪，真是母子连心啊！乐正子春好后悔，自己思想溜了号，崴了脚，让父母跟着操心。

经医生的推拿，又吃了两副药，乐正子春的脚很快就好了。人们奇怪的是乐正子春还是不出门，而且见了家人脸上还现出惭愧的脸色。一问才知道，他是在闭门思过。他说："我听老师讲过，当子女的应当爱惜自己的身体，父母生下完完全全的身体，就应完完全全地保存下来，这样才能对得起父母，才能说是孝敬父母，不该无缘无故地毁伤自己的身体。这是孝敬父母的起码要求啊。我想，凡是能够做到恭敬谨慎孝敬父母的人，就不会使自己的身体无故受到损伤。我没做到处处事事恭敬谨慎，走路还把脚崴了，辜负了老师的教导，也忘记了对父母的孝敬啊。"

乐正子春走路不小心崴了脚，竟一连几个月没有出门。在家闭门思过，悔恨自己没做到处处事事恭敬谨慎，忘了孝敬父母。人们听说了都很感动。他的老师曾子知道了这件事也赞扬他能从各个方面去思考孝敬父母，处处恭敬谨慎，严格要求自己。

负荆请罪

> 君子有过不辞谤，无过不反谤，共过不推谤。
>
> ——吕坤

春秋战国时期，赵国大将廉颇能干功高，但骄傲自大，争名争位。

他对地位超过自己的蔺相如很不服气，常对人说："我是赵国的大将，有攻城守地的大功。而蔺相如只凭着卖弄唇舌就位居我之上！我真羞愧地位在他之下。"说着，又猛地一扬头，发誓说，"我见到蔺相如，一定要羞辱他，否则我不姓廉。"

蔺相如听到了廉颇的话，知他正在气头上，就有意躲着他，赵王召集文武大臣上朝，蔺相如常常称病不去。

有一天，蔺相如坐车出门办事。在街上时，他远远望见廉颇也坐着车，从对面走来。蔺相如急忙叫车夫把车拐到胡同里，躲藏起来，等廉颇走过去，才把车退出来，继续往前走。

门客们对蔺相如回车避见廉颇的做法实在看不惯，就找到他说："我们离开亲戚朋友，到您这里做事，是仰慕您智勇双全，道义高尚。如今您的地位在廉颇之上，他说您的坏话，您不仅不回击，还一见到他就像老鼠见了猫一样，又是躲又是藏。一般老百姓也受不了这个窝囊气，您身为上卿，却一点也不感到羞耻。我们可忍不下去，请让我们走吧。"

蔺相如听了他们的话后问："你们说，廉将军与秦王比较起来，谁厉害？"

门客们答道："当然是秦王厉害。"

蔺相如点点头说："是啊，秦王那么厉害，我都不怕他。我虽然很愚笨，难道独独怕一个廉将军吗？我考虑的是，强大的秦国之所以不敢侵犯赵国，是因为有我们两人在，一文一武，同心协力。如果我们俩像两只老虎互相争斗，你死我伤，那正是秦国所希望的。我对待廉将军，是把国家的安危放在前面，个人的成见放在后面啊。"

蔺相如的话，很快传到廉颇的耳朵里。廉颇坐立不安，越想越受感动，内心十分惭愧。于是他脱掉上衣，光着膀子，背上荆条，来到蔺相如家中，跪在蔺相如面前，痛哭流涕地说："我心胸狭窄，为个人名位斗气。没想到上卿品质这么高尚，以国为重，宽以待我。我实在对不起你，特来向您请罪。"

蔺相如慌忙把廉颇扶起，也十分感动地说："我们一起来让赵国更强大吧!"

从此以后,两个人变成了同生死、共患难的好朋友。他们团结一致,文武配合,为国效力,使秦国不敢轻举妄动攻打赵国。

薛谭学歌

> 仲由喜闻过,令名无穷焉。
>
> ——周敦颐

春秋战国时期,相传秦青是秦国最善于唱歌的名家。薛谭是跟秦青学习唱歌的学生。

薛谭跟秦青学唱歌两年之后,自以为完全掌握了老师的本领,再也没什么好学的了。有一天,他实在不耐烦了,便收拾行装,准备辞别老师回家。秦青并不勉强挽留他。

为送别薛谭,秦青特意在郊外的大路旁摆了一桌酒席。席间,秦青打着拍子,唱起一首悲壮悦耳的歌曲。歌声振荡着山间林木,直上云霄,几乎使得天空中的一片片流云也停住了。薛谭听着听着,不仅为秦青的歌声所感动,也为秦青的歌声所陶醉、折服。他惭愧极了,连忙向秦青道歉,并请求重新回到秦青那里好好学习,接受教育。秦青见他回心转意,有所醒悟,便接受了他的请求。从此,薛谭再也不提回家的事了,再也不满足于一知半解了。

孟光改错

人患不知其过，既知之不能改，是无勇也。

——韩愈

汉章帝时，有一个品学兼优的太学生叫梁鸿。他的邻居姓孟，孟家有一个姑娘饱读诗书，婉顺知礼，只是仪容不佳，因此年过三十，仍然待字闺中，家里的人都很着急。

一天，一个媒人来到孟家，刚进门便笑着对孟老先生说："孟老，给你道喜啊！"孟老不解地问道；"喜从何来？"媒人道："梁伯鸾（梁鸿，字伯鸾）托敝人来向令爱求婚，这不是一桩喜事么？"孟老一听，吃了一惊，说道："我早听说伯鸾曾拒绝了不少名门闺秀、富家千金的美满亲事，他怎么会看得上我那年龄老大、貌容不佳的女儿？你可别来愚弄老夫啊！"

"孟老！"媒人正色道，"你怎么这样不相信人呢？这是伯鸾亲自来求我作媒的。他还说，如能高攀，最好立即成婚，以免他人纠缠，惹人闲话！"

孟老闻言大喜，马上转身来到女儿房中，询问女儿之意。姑娘听说是梁鸿向她求亲，早就喜上眉梢，哪有不允之理。这门亲事当即定了下来。

定亲一月之后，孟梁两家选择了一个良辰吉日，举行了隆重的婚礼。

成婚这一天，孟家姑娘担心新郎会嫌她貌丑，便在打扮上狠下了一番功夫：画眉扑粉，喷香抹脂，贴花戴翠……乍看起来，也还过得去。

谁知出乎她意料的是，梁鸿一见新娘这样打扮，顿时眉头紧锁，显出不悦之色。婚后一连七天，都不跨入新房一步，每晚均在书舍歇宿。

新娘非常纳闷，坐卧不安，又不好询问。后来，她实在忍受不住了，便含羞带惭地来到梁鸿面前，边哭边说道："妾蒙郎君不弃，结为百年之好。既为夫妇，理当鸳鸯共效，比翼齐飞。谁知燕尔新婚，郎君即视妾为路人。不知妾何事触犯了郎君，恳求教诲！"

梁鸿深深地叹了一口气，说道："我早听闻你贤德知礼，谁知竟徒具虚名。你瞧你这一身的浓妆艳抹，披红挂绿，这可是贤淑女子所为？真令我失望啊！……"

这时妻子才知道自己一直被冷落的缘由。她不待丈夫说完，便急忙道："啊！原是这样！你怎么不早提醒我呢？好！从今以后，妾永不饰花粉着华服，只淡妆简服，粗茶淡饭，誓与君偕！"说完，立即转身回到内房，洗去脂粉，换上粗衣。

梁鸿一见大喜，上前紧握妻子的手，仔细端详了一番，赞道："人都说你丑陋，你不丑啊！真是有如璞玉，光彩照人。我给你取一个名字，就叫孟光吧！你说好吗？"

孟光莞尔一笑，说："这个名字真好，妾真喜欢！"

从此以后，夫妻恩爱日胜一日。梁鸿处处怜爱妻子，孟光对丈夫更是体贴入微。

过了几年，梁鸿带着妻子从长安返回故乡扶风郡平陵县（今陕

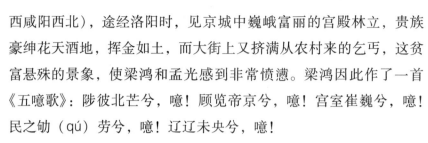

西咸阳西北），途经洛阳时，见京城中巍峨富丽的宫殿林立，贵族豪绅花天酒地，挥金如土，而大街上又挤满从农村来的乞丐，这贫富悬殊的景象，使梁鸿和孟光感到非常愤懑。梁鸿因此作了一首《五噫歌》：陟彼北芒兮，噫！顾览帝京兮，噫！宫室崔巍兮，噫！民之劬（qú）劳兮，噫！辽辽未央兮，噫！

这首《五噫歌》不久在洛阳城中传开了，后来竟传到汉章帝耳中。汉章帝暴跳如雷，说梁鸿是有意挑动人民与朝廷作对，便下令通缉梁鸿。

梁鸿没有料到一首诗会引来大祸，急忙改名换姓，乔装打扮，逃离洛阳。

他们先在齐鲁（今山东、河北一带）一带隐居，后来又到吴地（今江苏一带），在一个叫皋伯通的地主家做佣工。因为他们勤劳肯干，皋伯通便在他的庄园中找了一间小屋给他们居住。

有一次，皋伯通因事去梁鸿的小屋。当时正是中午开饭时间，只见孟光从灶边把做好的饭菜端端正正地放在一个托盘里，然后端着托盘走到丈夫面前跪下，把托盘高举到眉毛处，温和婉顺地说道："请夫君用膳！"梁鸿则赶忙屈下身子把饭菜接过来，彬彬有礼地说："辛苦了，请起，请起！"

皋伯通从未见过如此礼让恩爱的夫妻，大感诧异，特别是后来当他知道他们夫妇历来就是这样以礼相待、相互敬重时，更是佩服得不得了，激动地对他们说："我没想到你们原是这样尚礼重义的君子，让你们住在这破旧的小屋里，真是受委屈了，明日就请你们搬到我家里去住，让我的家小仆役都来向你们学习。"

梁鸿和孟光搬到皋伯通家中以后，皋伯通像对待老师一样尊敬他们。

诸葛亮请求降职

　　三国时，蜀军中有个参军叫马谡，喜欢自吹自擂。刘备在临终前对丞相诸葛亮说："马谡言过其实，不可大用。"

　　可是，诸葛亮对此并没有引起足够的重视。他还认为马谡不仅擅长辞令，而且还很有才气，常与他海阔天空地彻夜长谈。

　　建兴六年（228 年）春，诸葛亮挥师北伐曹魏，向祁山进军。蜀军军容整齐，赏罚分明。天水、南安、安定三个郡县相继叛魏，响应蜀军，使关中引起巨大震动。

　　为此，魏明帝曹睿又坐镇长安，派部将张郃率五千人马救天水、抗蜀军，并派曹植驻扎郿城，随时准备会师。

　　诸葛亮闻讯后，料定张郃必定要抢夺街亭这个交通要道。于是，诸葛亮问："谁敢领兵去守街亭？"

　　"末将愿往！"马谡盛气凌人，当下即立了军令状。

　　诸葛亮命他为先锋，拨二万五千精兵归他统帅，又派了王平作为他的先锋，共守街亭。临行前，诸葛亮一再嘱咐马谡，要他提高警惕，同时还建议：最好多架些栅栏，多设置些障碍，只要牢牢地守住街亭就行了。

到了街亭，马谡没有把诸葛亮的话放在心上。马谡自以为是，不听王平劝阻，执意要把蜀军分兵两路，在山上安营扎寨。结果，魏军来到马谡守军驻扎的山下，切断水源，阻绝所有下山的道路，接着又命弓箭手向山上放箭。蜀军无法冲下山来，都惊慌起来，纷纷丢掉武器，四下逃窜，致使街亭失守。刚刚夺取的天水、南安、安定三郡全部丢失，重归曹魏，诸葛亮第一次北伐进攻祁山宣告失败。

回到汉中，诸葛亮见到逃回的马谡，心中后悔不已，连声叹道："都怪我固执己见，当初不听先主的劝告，才至于此，这完全是我的罪过啊！"

于是，他立即传令，将违反军令、严重失职的马谡斩首。接着，他又向后主刘禅上书道："丢失街亭，虽然马谡有责任，但实属卑职用人不当造成的。为此，臣请求贬职三级。"

吕岱闻过则喜

人非圣贤，不能无过，只是要改。

——赵青黎

吕岱是三国时吴国的大臣，他为官不骄，虚怀若谷。不管是谁，只要能指出他的过错，他都能虚心地接受。

有个名叫徐源的平民，经常指出吕岱的过失，吕岱非常感激他，并跟他成了朋友。徐源家境十分贫寒，吕岱不时拿出钱来资助他。由于经常交往，吕岱发现徐源不仅为人坦荡、诚实正直，而且很有才华，于是便推荐他做了官。

在吕岱的举荐下，徐源当上了侍御史。徐源做官以后，每当他发现吕岱的缺点，仍然跟从前一样直言不讳地当面批评。吕岱也照例每次都很虚心听取他的意见。对此，朝中不少官员大惑不解，大家都议论纷纷。

有的人说："这徐源也真不知好歹，吕大人推荐他做了官，他非但不报知遇之恩，反而恩将仇报，偏偏跟吕大人过不去！"

也有的人说："人家吕大人是大人不计小人过，宰相肚里能撑船，才不计较这些呢！"

吕岱听了这些议论，对众人说："徐源能当面指责我的错误，是为了我好啊！这正是他在报答我的知遇之恩。我之所以敬重他，原因也在于此。"

徐源死后，吕岱十分痛心，他一遍遍哭着说道："您是我的良师益友，如今离我而去，日后谁来批评我的过错呢？"

吕岱这种虚怀若谷、闻过则喜的品格，赢得了人们的称赞。

周处改过自新

智者的转变
——知错就改的力量

西晋初年，义兴郡阳羡（今江苏宜兴）有个少年名叫周处，他的父亲周鲂曾任鄱阳太守，不幸早逝。周处幼年失父，母难管教，他常与里中一些恶少往来，沾染上恶习，经常提枪使棒，惹事生非，闹得鸡犬不宁，人人痛恨。当时义兴河中有条恶蛟，常常兴风作浪，乘机吞食河边打鱼、洗衣之人。南山有只白额虎，常在日间下山咬伤人畜。所以，人们把恶蛟、猛虎与周处合称为"三横"（即三害），认为周处的凶横和危害更在蛟、虎之上。义兴的百姓都希望能够除掉"三横"，过安生日子。

当时有个书生很关心民情，便想了个办法来除治三害。有一天上午，周处正在园中舞剑，只见寒光闪闪，冷气森森，疾如闪电，矫若游龙，恶少们连声叫好，书生看了也禁不住赞叹起来。周处舞毕，书生便上前拱手为礼："公子剑术出众，令人眼花缭乱，佩服！佩服！"

周处把宝剑插入鞘内，得意洋洋地说："区区小术，何足夸奖。"

书生见他志得意满，便故意激他道："可惜公子剑术虽精，却无用武之处。听说南山有只猛虎，经常伤害人畜，至今无人敢上山打柴。不知公子可有胆量，独自上山刺杀恶虎？"

周处年少气盛，哪里经得起这一激，便扫视一下恶少们，然后骄矜地对书生说："一条大虫算得了什么，今日就看我显显手段！"说完，他把宝剑挂在腰上，顺手从马厩牵过一头浑身雪白的骏马，飞身上鞍，直奔南山而去。书生激周处南山杀虎，是希望二虎相争，必有一伤，无论是虎死还是人亡，都可除去一害。他几次到周处家去，都未见周处回来，以为他被虎吃了。正准备回家，忽听马蹄声由远而近，只见通往南山的大路上，周处手执宝剑，飞马而回，剑上血迹斑斑。周处见到书生，傲然下马，把剑一掷，昂然地走到书生面前，说："那恶虎已被我一剑刺死，可算有胆量么？"

书生把手一拱，又用话来激他："公子神勇过人，不亚鲁国卞庄。只是猛虎易杀，恶蛟难斗，公子要能下水斩蛟，方显得真本事！"

周处满不在乎地说："今日天色已晚，明天再看我下水斩蛟吧！"

书生说："好！明天我再来看公子大显身手。"说完，便告辞回家，把周处明日斩蛟的事告诉自己的亲友。于是一传十，十传百，很快地全城都知道了。

义兴的百姓听说周处上山刺虎之后，又要下河斩蛟，暗暗高兴。第二天一早，相互邀约，三五成群来到河边，都想看看"二横相斗"，谁死谁伤。

周处饱餐之后，换上紧身短衣，手执雪亮宝剑，大摇大摆地来到河边。他见两岸密密麻麻地围满了百姓，以为是来看自己显露本领，为自己助威，于是昂首挺胸，左顾右盼，更加洋洋得意。这时只见河水陡涨，浊流滚滚，一条尖嘴巨眼、满身鳞甲的恶蛟，正穿波逐浪，张牙舞爪地向岸边扑来。百姓们慌忙四散，周处却高举宝剑，大喝一声，跃入河中，同恶蛟展开搏斗。那恶蛟张开血盆大口，就要吞食周处。周处急忙闪在一边，挥动宝剑，猛砍蛟头。那恶蛟耳边吃了一剑，鲜血直流，更加怒气大发，卷起滔天巨浪，转身又向周处扑来。周处精通水性，身子灵便，又一个猛子闪开，然后钻出水面，跟在蛟前蛟后，得隙便刺。那恶蛟几次扑空，又挨了几剑，愈加怒不可遏，又侧转身子猛力用铁尾一扫，想把周处击死。周处见来势凶猛，马上一个猛子钻入水中，又躲开了这致命的一击。恶蛟发现周处难斗，身上已几处受伤，疼痛难忍，便一会儿浮，一会儿沉，向下游冲去。周处也紧跟在恶蛟身后，一起浮沉，游了几十里。

百姓们见周处与恶蛟杀得难解难分，渐游渐远，三天三夜都没有回来，以为他和恶蛟都死了，于是纷纷走上街头，敲锣打鼓，燃放鞭炮，相互庆贺。

一个白发苍苍的老头笑着对书生说："多亏先生巧计，激周处刺虎斗蛟，如今蛟死处亡，三横尽除，我们老百姓就可以长久过安生日子了！"

一个身材魁梧的小伙子满斟了一杯酒，递到书生面前说："先生巧计除三害，为百姓做了大好事，我敬你一杯！"接着许多百姓纷纷敬酒，表示感谢，书生盛情难却，喝得酩酊大醉。

这时周处已经杀死恶蛟，精疲力竭地从水中出来了。他以为自己刺虎斩蛟，乡人一定会赞扬自己是盖世无双的英雄，谁知回城后，却见到人们为他与恶蛟俱死而热烈庆贺，才知道自己与猛虎、恶蛟一样，同为乡里憎恶。他感到心里很不好受，也不愿同乡亲们见面，就迈着沉重的步子，悄悄地走回家去。

智者的转变
——知错就改的力量

74

回到家里，周处感到又冷又饿，马上换了干衣服，又喝酒暖身，热点冷饭来吃，精神才稍微好些，就倒床休息。谁知一想到日间百姓的议论，翻来覆去睡不着。为什么做了好事乡亲们还憎恶自己呢？难道是因为自己过去横行乡里，给乡亲留下了同猛虎、恶蛟一样的印象吗？他越想越难受。

周处听说吴郡华亭（今上海松江）的平原内史（官名）陆机和清河内史陆云两兄弟很有才学，且乐于助人。第二天，周处便带上银钱，骑上快马，直奔吴县。谁知到了华亭，陆机有事外出未归，只陆云一人在家，周处便直接去见陆云。

陆云见周处一身轻装，气宇轩昂，便热情地请他坐下，亲自奉上香茶。

周处恭敬地说："久闻陆氏兄弟大名，海内文宗，人人尊仰。周处今有一事不明，特来请教。"接着，他把刺虎、斩蛟反被人憎恶的事说了一遍，又继续谈道："如今我想痛改前非，但岁月不居，青春已逝，恐怕改后也是一事无成，反为人所笑。"

陆云劝慰他说："《论语》说：'朝闻道，夕死可矣。'早上知道了为人之道，就是当天晚上死去，也不会感到遗憾。何况你正当壮年，还有远大的前途呢！一个人，就怕没有志气，只要能立大志，有过即改，还愁什么美名不能远扬么？"周处高兴地说："闻听先生金玉良言，茅塞大开。周处不才，定当改过自新，做一个顶天立地的男子汉！"

陆云见周处心胸开阔，知过即改，也很高兴。留他盘桓了几天，谈论天下大事，为人之道，求学之途，使周处大开眼界，临行时还赠送了周处一些经史之类的书籍。

周处回家以后，断绝了同恶少们的往来，闭门思过，刻苦攻书，学识大进。他对人也变得分外和气，乐于为乡里做好事。乡亲们都为周处的变化感到高兴。

后来，上司知道了周处的德才，向朝廷举荐，朝廷任命周处为御史中丞（御史台长官）。到职以后，周处秉公执法，不畏权贵，敢于弹劾那些违法乱纪、残害百姓的官吏，受到了人们的敬重。

王羲之闻过即改

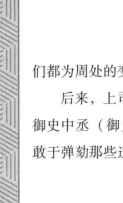
> 躬自厚而薄责于人，则远怨矣。
>
> ——《论语》

晋代大书法家王羲之被称为"书圣"，他的儿子王献之也是一位大书法家，人称"二王"。

王羲之十七岁时在母亲卫夫人的指点下书艺大有长进，笔锋初露，震惊了方圆百里，许多人赶来请他题字、写对联。王羲之少年得志，有些飘飘然起来。

相传一天，他经过一家饺子铺，看见门楣上写着"鸭儿饺子铺"，门的两边写着："经此过不去，知味且常来。"王羲之看到这十个大字写得毫无骨力，结构又差劲，心想："是谁写出这种字来献丑？"正想转身离去，腹中感到饥饿，又见铺内食客满座，就走了进去。

王羲之见矮墙边有一口大锅，锅内沸水翻滚。只见一只只饺子从墙上飞来，不偏不倚只只都落入锅的中央，十分准确。他看得惊呆了。

王羲之坐下招呼伙计，不久伙计端上一大盘水饺，只见个个水饺玲珑精巧，活像浮在水面的游鸭。再尝尝饺子，鲜美可口，不一会儿他便把一盘水饺吃下肚去。

付账后，王羲之问店主在哪里，伙计指了指矮墙那边。他走过去，看见一位白发老太太坐在一块大面板前独自擀饺子皮，包饺子馅，动作利索娴熟，不一会儿一批饺子就包好了。只见她一边与伙计讲话，一边随手把一只只饺子抛出墙外，连看都不看一眼。

王羲之惊叹不已，欠身问道："敢问老婆婆，您学了几年才练成了这手功夫？"

"熟则五十年，深练要一生。"白发老太太回答说。

王羲之听了，心想，自己学写字不过十几年就自满起来，好不应该，不觉脸上一阵发热。

"吃了贵店的饺子果然名不虚传，但门口的对联为什么不请人写得好一点？"

那老太太一听，生气地说："你这位相公有所不知，我何尝不想请名人写副对联，只是像王羲之那种人架子太大，学了不到我这功夫的一半时间就眼睛抬上脑门，哪里会瞧得起我这店铺？我看他的那点功夫还比不上我这扔饺子功夫的一半深呢！"说完只顾做饺子，连看也不看王羲之一眼。

王羲之听了这番话，面红耳赤。

第二天，他亲自把给饺子铺写好的一副对联送到白发老太太手中。白发老太太收了这副对联，知道来人便是王羲之，不好意思地说："昨天不知王相公到来，言语失敬了，还请王相公原谅！"

王羲之回答说："您给学生讲的一番话，真是胜读十年书啊！

您老就是我的师父，请受学生一拜。"

此后，王羲之格外虚心刻苦练习，把水饺老太太讲的话当作座右铭，终于成为一代"书圣"。

展子虔闻过即改

不远之复，以修身也。

——《周易》

展子虔和董伯仁都是隋朝时的名画家。

展子虔画人物用笔细腻，形象逼真；画鞍马如腾似跃，煞是惊人；特别是画北方的山水，更能给人以咫尺千里之感。为此，很多人都夸赞他，他在众多的恭维话面前，变得骄傲起来，不把别的画家放在眼里。

董伯仁除所画的人物、鞍马和展子虔所画的人物、鞍马不相上下外，他画的南方山水，更是别具一格：所画的亭台、楼阁，多精巧有致；所画的山水树石，多秀丽柔美。他听说展子虔很瞧不起人，不以为然地说："展子虔所画的北方山水，不过是些秃山恶水罢了。我从未见他画过一张像样的南方秀丽的山水画。"

这话传到了展子虔的耳朵里，刚开始他十分生气，但拿过董伯仁的山水画仔细一看，便连连称赞。为了取别人之长，补己之短，他便主动与董伯仁交好。

董伯仁也很受感动，当下表示要向展子虔好好学习。从此，两人便成了互相学习、共同提高的好朋友。

皇甫绩自愿挨打

皇甫绩是隋朝时的一位名臣。他自小丧父，跟着母亲到外祖父家居住，与表哥、表弟一起学习、玩耍。

小皇甫绩很聪明，读书、写文章，都比他的表兄弟厉害，常常受到外祖父的表扬。皇甫绩喜欢下象棋，但下不过表哥，他不服输，私下里反复琢磨。

一天，皇甫绩要和表哥下棋，比比高低。表哥看看天，太阳已经偏西了，说："该上课了，以后再下吧！"表弟也说："耽误学习，爷爷会不高兴的。"但皇甫绩苦苦哀求，表哥有些过意不去，心想："皇甫绩从小丧父，跟姑妈回来住，父亲和爷爷都说凡事要让着他，不要惹他生气。"想到这里，表哥说："好吧！咱们快点下完棋就上课，别让老师等咱们。"

于是，他们三人就到谷仓里下棋，不知不觉地错过了上课的时间。

皇甫绩的外祖父知道了，生气地把他们三人叫到客厅责问，说："你们知道自己错了吗？"

"知道，我们耽误了学习。"表哥先认了错。

"外公，这事是我的主意，与表哥无关！"皇甫绩说。

"你表哥比你大，他应该懂得。你年纪小，父亲又过世得早，就不罚你。"爷爷说完，狠狠地打了表哥三十大板作为惩罚，并命他把落下的课立即补上。事后，皇甫绩深感内疚，但又不知该怎么办好。他向母亲认了错。母亲对他说："你知错就好，做人一定要诚实，有错勇于认错，勇于改错，才是一个好孩子。"第二天，皇甫绩去找表哥道歉，并请求表哥代替外公打他三十大板。表哥听后，哈哈大笑起来，说："事情已经过去了，以后不要再犯就是了，挨打的滋味是不好受的。"

皇甫绩急了，说："表哥，如果你希望我长大成为一个有用的人，你就给我一个改错的机会吧。这次下棋明明是我的错，而挨打的却是你。我现在知错要改错，而你又不愿意我改，这样下去，会让我今后犯下大错的，请表哥三思！"

表哥觉得皇甫绩的话有道理，就顺手拿起树枝轻轻地打了皇甫绩几下。皇甫绩说："表哥，这样不疼不痒等于没打，也让我下不了改错的决心。外公怎样打你，你就怎样打我！"说完，他趴在凳子上，让表哥狠狠地打了他三十大板。

打完后，皇甫绩爬起来说："这才是我的好表哥，有罪同受嘛！"

外祖父听说此事后，对皇甫绩的母亲说："这孩子真诚实，将来会有出息的。"

唐太宗下"罪己诏"

> 以铜为镜，可以正衣冠；以古为镜，可以知兴废；以人为镜，可以明得失。
>
> ——唐太宗

唐太宗李世民是唐高祖李渊的次子。隋朝末年，李世民随父李渊起兵反隋，建立唐王朝。李世民封为秦王，任尚书令。626 年，李世民发动"玄武门之变"，杀死太子李建成、齐王李元吉，被立为太子。不久，唐高祖李渊让位，称太上皇，李世民继皇位，即唐太宗。

唐太宗不仅善于纳谏，精于用人，而且他能比较自觉地以国家法律约束自己，一旦发觉自己的做法违背了法律还能认真进行检讨。

一次，有个叫党仁弘的人在做广州都督时，贪污了上百万的钱财。这件事被人告发后，主管司法的大理寺将他依法判处死刑。可是唐太宗以往很器重党仁弘，认为他是个非常难得的人才，舍不得杀他，便下了一道圣旨，取消了大理寺的判决，改成撤销职务、流放边疆。处理之后，唐太宗心里很不安，感到自己出于个人感情，置国家法律于不顾，做得很不应该。于是他把大臣召到金殿上，心情沉痛地向大家检讨说："法律是皇帝按照上天的旨意批准制定的，皇帝应该带头执行，而不能因为私念不守法律，失信于民。我因私念袒护党仁弘，赦免了他的死罪，实在是以私心乱国法啊！"

有些大臣正想宽慰唐太宗几句，但唐太宗却当场宣布，为了这件事，他将亲自到京城的南郊去，住草房，吃素食，向上天谢罪三日。

这一下，满朝的大臣都吃惊了，他们认为唐太宗为这点事，不必要这样做，于是便纷纷跪下劝阻。丞相房玄龄对唐太宗说："皇帝是一国之主，生杀大权是皇帝掌握的，陛下何必把这件事看得这样重，内疚自贬到这种程度呢？"

唐太宗并没有因为大家的劝说、宽慰而原谅自己。他自责地说："正因为皇帝是掌握生杀大权的，才更应该慎重认真，严格地按照国家法律办事呀。而我却没有听从大理寺依法判决的正确意见，反而不顾法律一意孤行，这怎么能原谅呢？"

天快黑了，唐太宗见大家一直跪在地上阻拦，硬是不让他去郊外，便感慨万分地说："你们不要跪在地上了，快起来吧。我决定暂时不到郊外向上天谢罪了。但是，一定要下诏书，把自己的罪过公布于天下！"说着就毅然拿起笔来，写了一道"罪己诏"。唐太宗在"罪己诏"中写道："我在处理党仁弘之事上，有三大过错：一是知人不明，错用了党仁弘；二是以私乱法，包庇了党仁弘；三是赏罚不明，处理得不公正。"唐太宗向大臣们宣读之后，立即下令，将他的"罪己诏"向全国的臣民公布。

画圣吴道子拜师

反身而诚，乐莫大焉。

——《孟子》

吴道子，唐朝"开元盛世"时期的画圣。

吴道子天性聪明，一向好学，在向师父学画的一群学生中，他的成绩最为突出，画得很好。师父看他学有所成，决定让他出去闯荡一番。临别时，师父向他赠言："不拘成法，另辟蹊径。"

吴道子认为自己已经学得很好了，就恃技狂傲。一次，与名画家杨惠之比画，结果比败了，他羞愤难当，不仅撕了自己的画，还把杨惠之的画抢过来撕掉了。

他难以接受世上还有比他画得更好的人。他衣衫不整，失魂落魄地来到一家酒肆。正巧，当朝的秘书监贺知章和长史张旭正在豪饮。他们醉后挥笔。贺知章提笔写出一幅古拙沉雄，大有飞动之势的狂隶书："酒中去寻蓬莱境，悠悠荡荡上青云。"而张旭展臂挥写，两行狂草出现在墙壁上："张颠自有沧海量，满壁龙蛇碗底来。"其字迹真如龙蛇狂舞，气势豪壮。

吴道子看得发呆，仿佛得见天人一般。他奔到贺、张二人面前，扑地跪倒，纳头便拜。贺、张二人见一满脸污垢的人跪在面前，以为是乞丐来乞讨，连忙扔下两把碎银，向门外走去。吴道子慌忙站起，跪到门前，把二位大人拦住，重又跪倒在地，说："在下姓吴名道子，愿投在二位老先生门下学习书法。"贺、张二人这才明白吴道子的用意，但看他这副怪模样，都不大欣赏地摇了摇头。在他们看来，这个人怎么能学好书法呢？贺知章拉着张旭，绕开吴道子又向门外走去。

吴道子一看他们不肯收自己为学生，重又站起，急得大叫："二位先生慢走！"然后，跑过去连连叩拜不起，只叩得额头青紫，流出血来，嘴里还不住地说道："道子实在是为先生的技法倾倒，望能收下弟子，望能收下弟子。"一时间声泪俱下。

贺、张为吴道子的一片挚诚所感动，忙过去把他扶起来。张旭取出自己写的楷、行、草三幅字给吴道子，要他先临习两年，并说："字外无法，法在字中，勤奋就是诀窍。"

烈日炎炎，蝉鸣不已，吴道子在室内赤臂挥毫，练习楷书。他大汗淋漓，案上已积满了已书写过的纸张。

秋去冬来，大雪盖地，吴道子在书写狂草。

一年过去了，吴道子去拜见恩师。张旭见吴道子来，马上问道："你为何临摹刚一年就来找我？"吴道子把一幅自己写的草书呈给张旭，回道："弟子来请恩师指导一下……"张旭将条幅展开一看，很生气，随手掷于地上。吴道子见状，连忙跪在地上说："恩师，弟子知道自己技法还远未练成，然而弟子不是为学书法而学书法的。""嗯？"张旭面有愠色。

吴道子说："弟子本来志在丹青，现如今画坛技法俱已陈旧，弟子志在创新，另开蹊径，然而苦于无从下手。也是苍天助我，幸得偶见恩师书法，笔走龙蛇，气势磅礴，猛然悟得若能以书法绘画，便可一改前代画风，于是拜在恩师门下。现有一拙作，望恩师赐教。"说毕，将一幅"兰叶描"金刚力士像呈到张旭面前。

张旭接画在手，展开观看。吴道子窥视着老师的脸色。但是，张旭却一脸矜持之情，不露声色。观后，张旭将画卷了起来。

吴道子起身道："弟子还要游遍远近山川庙宇，再练山水画技，就此告辞了。"说完，对着张旭拜了三拜，转身离去。

张旭待他走后，才重新展开画幅看了又看，赞叹道："绝顶聪颖绝顶狂，天生道子世无双。"

狄仁杰自愧

> 今日改今日的，明日改明日的，自然长久庶几寡过焉。
>
> ——赵青黎

娄师德是唐朝武则天时期的宰相。

一次，武则天单独召见娄师德，和他谈论政事。谈话中，武则天问娄师德有没有可以担任辅政大臣的人才推荐。娄师德听后，未多考虑，便极力推荐狄仁杰。后来，武则天果然采纳了娄师德的意见，将狄仁杰从外地召回京城，和娄师德一起同任宰相。

狄仁杰任宰相后，并不知道正是由于娄师德的举荐自己才能任宰相。相反，他在心中倒是总记着过去和娄师德的一些不愉快的过节。而且，因不久前他因遭受到一些抵毁，心里总怀疑是娄师德在里边起了作用。因此，狄仁杰常常当着武则天的面讲娄师德的不好，还多次排挤他。时间长了，便引起了武则天的注意。

一天，武则天在便殿和狄仁杰闲谈。闲谈中，武则天有意问狄仁杰："娄师德的品德好不好？"

狄仁杰话中带刺地说道："他带兵守边时，有过战功，至于他的品德好是不好，我不是很清楚。"

武则天接着又问："他能发现和举荐出色的人才吗？"

狄仁杰却说："我和他在一起时没有这方面的感受，也不曾听说过。"听到这儿，武则天哈哈大笑，对狄仁杰说："你还不知道吧，你能当上宰相，正是由于他的举荐呀！"接着又说："依我看，没有比娄师德做得更好的了。"随即命人找出了娄师德的荐表，让狄仁杰过目。

事情出乎狄仁杰的意料，他感到十分惭愧，感叹地说："娄师德的度量这么广阔，我被他宽容以待却还一点不知道人家的恩德，可见，我比他差远了！"

从此，狄仁杰主动接近娄师德，很快两人的关系密切起来，共同辅佐武则天管理国务。

不久，北方的契丹出兵犯境，攻陷了一些州郡，烧杀抢掠，百姓纷纷逃难。这时，狄仁杰和娄师德一同率兵出征。他俩互相配合，分路出击，杀退了契丹军，收复了失去的州郡，使边境居民重新过上了安居乐业的生活。

智者的转变
——知错就改的力量

郭子仪、李光弼不计私怨

> 内省不疚，夫何忧何惧。
>
> ——《论语》

唐朝时，朔方节虞使安思顺属下有两位杰出的部将，一个叫郭子仪，一个叫李光弼。他们两人之间有些矛盾，路上遇见时，总是互相回避，就是在一起时，也互不说话。

唐天宝十四年（755 年）冬，范阳节度使安禄山举兵叛乱。为了平息叛乱，唐朝政府提拔郭子仪继任朔方节度使，统兵御敌。这样一来，李光弼就成了郭子仪的部将。郭子仪想到平时两人的关系，心里很不安。这时唐朝皇帝又传来旨意，命令郭子仪即日率部出征。

此时的李光弼也对自己的处境非常担心。他怕郭子仪会寻机报复，便硬着头皮主动向郭子仪认错，说："过去我不好，得罪了您，不管您要怎样处置我，我都不抱怨……"

没等李光弼说完，郭子仪赶忙离开座位，跑了过去，紧紧握住了李光弼的手说："李将军，现在国家危急，百姓遭难，正需要我们一起去效力，特别需要你这样的人才，难道我们还能像过去那样小肚鸡肠，计较个人恩怨吗？"说完，把李光弼扶到座位上，边为他斟茶边说过去都是自己不好，并表示今后一定要不计个人恩怨，主动搞好团结，彼此互相帮助。

看到郭子仪如此心怀坦荡，不计个人私怨，李光弼心里非常感动，当下就对郭子仪拜了几拜，然后带兵请战。从此，他们二人将帅协同，在平息叛乱中，各自都立下了卓越的战功。

宋太祖尊师

> 待人要丰，自奉要约；责己要厚，责人要薄。
>
> ——陈宏谋

宋太祖（927—976年），即赵匡胤，涿州（今属河北）人，宋朝的建立者，960—976年在位。

赵匡胤出生在一个官僚家庭。他的父亲是后唐骑兵中一个中级指挥官。赵匡胤出生时，正值政局混乱的五代时期。那时，出于战争的需要，人们普遍崇尚武术，轻视读书。赵匡胤小时候就和一般公子哥不同，既崇武，又重文。七岁时入了私塾读书，学习非常刻苦，成绩总是名列前茅。他的老师叫辛文悦，是个知识渊博的人。老师特别喜欢他，他也十分尊敬老师。

那时候，学生常常捉弄老师。

有一天，劳累的辛老师趴在书案上打起盹来。两个好恶作剧的学生偷偷地溜出教室，从后园中捉了只螳螂放在辛老师的肩头。螳螂舞动着长腿，一步步向上爬着，眼看着就要爬到辛老师的脖领里。学生们都好奇地看着，不时地发出"嘻嘻"声。赵匡胤看到同学这样不尊重老师，十分气恼，狠狠瞪了那两个学生一眼，便轻手轻脚地来到老师跟前，把螳螂捉了下来。恰巧这时候老师醒了，看见赵匡胤手里捏着只螳螂，以为他在捣蛋，气得上气不接下气，冲着他喊："真乃顽童，岂能容汝。去也！"赵匡胤什么也没说，流着眼泪退出了课堂。

后来，辛老师从别的学生那里得知了真相，心里很不平静。他把赵匡胤找来赔罪说："汝无错，师之过也！"

从此，辛老师更加看重赵匡胤，赵匡胤也更加刻苦学习。他跟辛老师学了很多有用的知识。

"陈桥兵变"后，赵匡胤当了皇帝。做皇帝后，他没有忘记恩师，派人把老师接到朝中。辛老师一见当朝皇帝，就要行君臣大礼，赵匡胤忙拦道："愧煞我也，学生理应拜先生！我永远是您的学生啊！"辛老师感动得热泪盈眶，决定应赵匡胤之邀，留在朝中，效忠大宋王朝。

从此，宋太祖赵匡胤重文尊师的美德誉满天下，人们纷纷效仿他。

寇准认错

王旦与寇准，是北宋时期两位著名的宰相，但王旦拜相早于寇准。寇准一生的成就不在王旦之下，但仅就推己爱人而言，则寇准不及王旦。

王旦做宰相时，屡于人前言寇准之长，而寇准却常揭王旦之短。

有一次，王旦又在真宗皇帝面前夸赞寇准，真宗皇帝微笑着对王旦说："爱卿虽然经常在朕面前夸赞寇准，但寇准却总在朕面前说爱卿的坏话。"

王旦神情自若地说："这是理所当然的。臣在相位多年，必有许多过失。寇准对陛下毫不隐瞒臣的过失，不正说明寇准对陛下的忠诚吗？不也说明寇准是一位耿直的人吗？我所以尊重寇准，正在于此。"

真宗皇帝听了王旦的话，含笑不语，心中更加赞赏王旦的贤良。

王旦主持中书省，寇准主持枢密院。有一次，中书省有公文送枢密院，违背了真宗皇帝的旨意。寇准发现后立即报告了真宗皇帝，结果使王旦及中书省所有官员都受到了责罚。

真是巧得很，事情没过一个月，枢密院有公文送中书省，也同样违背了真宗皇帝的旨意。中书省官员抓住了寇准的把柄，想乘机报复。一位官员非常高兴地报告给王旦，劝王旦奏于真宗皇帝，给众官员出口气。但是，王旦却严厉地命令这位官员把公文送还枢密院并指出错误。

这位官员拿着公文到枢密院，把事情的前前后后都告诉了寇准。寇准羞愧难当，亲自送这位官员离开枢密院。

寇准回到府中，在室内踱来踱去，回想起一件件往事：自己与王旦同榜得中，两人互相勉励，朝中议事常常不谋而合！自己曾受小人谗言，受降职处分，王旦忿忿不平；被贬之后，王旦想方设法让真宗皇帝召回自己……但是，自己为什么常常在真宗皇帝面前说他的坏话呢？为什么多次顶撞他？为什么见到他的过错就抓住不放，与他为难呢？……

他越想越后悔，越想越难过。想起战国时廉颇负荆请罪的故事，他立即来到王旦府上，一见王旦，纳头便拜。

王旦大吃一惊，忙上前搀扶寇准。寇准不起，死死地跪在地上说："寇准请罪，寇准请罪！"

"这从哪里说起？人非圣贤，孰能无过。"王旦边说边拉住寇准的胳膊，把他搀扶起来，请他入座。

寇准感叹道："王大人，我真佩服你有这么大的度量呀！"

不久，王旦得病，面容憔悴，真宗皇帝问他谁可继承相位。

王旦先是不肯开口，最后还是说："以臣之愚见，莫如寇准。其他人，臣所不知也。"

"寇准性情刚偏，有人奏于朕，说寇准过生日，筑大棚，设大

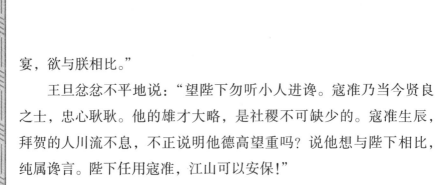

宴，欲与朕相比。"

王旦忿忿不平地说："望陛下勿听小人进谗。寇准乃当今贤良之士，忠心耿耿。他的雄才大略，是社稷不可缺少的。寇准生辰，拜贺的人川流不息，不正说明他德高望重吗？说他想与陛下相比，纯属谗言。陛下任用寇准，江山可以安保！"

真宗听了王旦的话，微笑着点了点头。

寇准每天朝罢，都要到王旦床前问候。有一次，寇准眼含热泪说道："王大人，有何教我？"

王旦声音低微地说："眼看我就不行了。临别要说的话，就是要注意平等待人，既不要使人感念自己的恩惠，也不要让人惧怕自己的威严……"

寇准感动得热泪直流，久久不肯离开王旦的病榻。

王旦去世不久，真宗便尊重王旦遗言，任命寇准为宰相。寇准入朝拜谢说："谢主上圣恩，要不是陛下了解臣，怎么能再任命臣为宰相呢？"

真宗皇帝潸然泪下，把王旦举荐的话从头至尾说了一遍。寇准听了，泪流满面，深感内疚地说："臣对不起王旦，他的见识、品德是臣所不及的。"

退朝之后，寇准再次来到王旦府中，对着王旦的灵牌拜了三拜，思念王旦的巨大悲痛压得他喘不过气来。他仰望着王旦的灵牌默默悼念着，久久不肯离去。

范仲淹请罪

古之君子，过则改之；今之君子，过则顺之。

——《孟子》

吕夷简（979—1044 年），北宋大臣。有一次，他对宋仁宗说："范仲淹是个有才能的人，朝廷若想用他，就应该重用。"

宋仁宗说："可他反对过你啊！"

"他虽曾经反对我，"吕夷简说，"但我的确也是有毛病的，再说他也是为国家着想啊！"

"好吧！"宋仁宗同意了。

不久，宋仁宗就升范仲淹为学士，任参知政事。范仲淹到任后向宋仁宗建议十件事，主张建立严密的任官制度、注重农桑、整顿武备、推行法制、减轻徭役等，受到皇帝的信任。人们议论纷纷，说："吕夷简不念旧恶推荐范仲淹，真是个为国家着想的老人啊！"

范仲淹明白自己之所以能施展抱负，是由于吕夷简的推荐，非常感动。他跑到吕夷简家里当面请罪，说："过去我多指责您，都是我的错呀！想不到您还这样看重我……"说着，眼睛都红了。吕夷简安慰他说："大家都是为国着想啊，有什么说的呢！"

"三袁"宴师

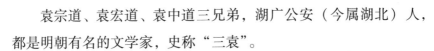

尽量宽恕别人，而决不要原谅自己。

——西拉斯

袁宗道、袁宏道、袁中道三兄弟，湖广公安（今属湖北）人，都是明朝有名的文学家，史称"三袁"。

明朝万历年间，袁家三兄弟同时考取了进士，在家乡引起了极大的轰动。袁家准备设宴款待家乡父老。按照规矩和常礼，三位进士的老师都应被邀请出席宴会，并要奉其为上宾，坐在首席位置。

有一位名叫刘福锦的教书先生，是老三袁中道的启蒙老师，但是袁中道在他那里未读很久就转到其他地方学习去了。因此，袁家对他的印象不深。这次宴会发请帖又是老大袁宗道操办的，因而把三弟的这位老师给漏掉了。

刘福锦见袁家宴请家乡父老却没有给自己发请帖，心里十分恼火，再加上有些乡亲又借机挖苦他，更使他不能容忍，便在一张白纸上写了一句"高塔入云有一层"，签上自己的大名，派他的一名学生送给袁中道。袁中道打开一看，恍然大悟，拍着脑门连说："失敬了，失敬了。"然后，急忙找两位哥哥商量。

袁家三兄弟最后决定，再专门宴请刘福锦先生一次，并重新邀

智者的转变
——知错就改的力量

请所有的师长族尊作陪。

兄弟三人立刻写好请帖，老三袁中道还特意把刘先生送的一句话对成一首诗，写在了帖子上："高塔入云有一层，孔明不能自通神。一日为师终生父，谨请先生谅晚生。"以此表示自己对先生的歉意。

宴会那天一大早，袁中道特意抬着轿子去刘福锦先生家接他。不料，刘先生生性固执，还在生袁家三兄弟的气，硬是不肯上轿。老大、老二在家里左等右等，就是不见三弟把刘先生请来，心里十分焦急。于是，哥俩赶忙步行到刘先生家。兄弟三人一齐施礼，向刘先生道歉，恭请先生上轿。三兄弟的真情实意终于感动了刘福锦先生，他扶起了三兄弟，上轿前往袁家赴宴。

酒席间，三兄弟频频向刘福锦先生举杯致歉，并感谢他对袁中道的教育之恩。这时，刘福锦先生早已把先前的不愉快之事丢到了九霄云外，宴会的气氛极为融洽。

唐寅学画

> 见善则迁，有过则改。
>
> ——《周易·益卦》

唐寅，字伯虎，明朝著名的画家、文学家，吴县（今江苏苏州）人。唐寅从小聪明过人，不仅读书写文章一般人比不上，画画也画得好，山水、人物、花鸟、松石都画得活灵活现，连当地一些很有名望的人也请他作画。这样一来，唐寅就以"神童"自居，自以为了不起，学习也不肯吃苦了。母亲看着儿子年纪轻轻就骄气凌人，长此以往十分危险，就让儿子打点行李，到大画师沈周那里拜师深造，学习绘画。

沈周早年也以"神童"享誉江南。十五岁即游学南京，做百韵诗献给巡抚侍郎崔恭，受到赏识。沈周看小唐寅一表人才，高兴地收下了这个徒弟，每日朝夕教习。唐寅进步很快，学了不久，他的画就画得很不错了，得到很多人的称赞。一年后，唐寅拿自己的画偷偷地跟老师的比，不论是画技还是画法，都认为已经没有任何差别了。唐寅暗想："我学习画画已经一年多了，母亲一定很想我。现在我已经画得和老师差不多了，也该回家看看母亲了。"于是唐寅就买了很多礼品去见老师，向老师请辞。沈周什么也没说，只说要为唐寅饯行。

到了送行那天，沈周准备了很多饭菜。等唐寅吃过之后，他把他带到了一间屋子里。唐寅进门一看，发现这间屋子的位置很特别，布置也很有特色，屋子四面都有一扇门，从每扇门望出去都能看到花园。花园的景色非常美，从不同的门望去，景色都不同，有的是红花绿柳，有的是小桥流水，有的是曲径通幽，还有的是花团锦簇。唐寅心里很纳闷："我在老师家待了这么长时间，怎么没有发现这样一个好玩的地方？"于是，他就想从离他最近的那扇门进入花园。可他刚一迈步推门，门不仅没推开，人还被撞了回来。他忙又去推第二扇门，结果又被撞了回来，连开三扇门都碰了一鼻子灰。唐寅着急地说："老师，这些门都锁着，我怎么出去观景呀？"沈周笑着对他说："你走上前去摸一摸，仔细看看是上了锁吗？"唐寅赶紧走上前一摸，这些哪里是门和花园呀，都是一幅幅老师画的画。唐寅的脸一下子羞得通红。他转过身来，扑通跪在老师面前，说："老师，请您原谅学生的无知吧！我不想回家省亲了，我要留下来继续跟您学习。"

沈周把唐寅扶起来，将唐寅送的礼退还给他，语重心长地说："尊重老师不只是表现在礼仪上，更重要的是要根据老师的教导去做。你浅尝辄止，怎么能学到更高深的画技呢？"此后，唐寅为了学习画技，就在老师的小屋旁边建造了一座同样的小屋，一天到晚揣摹老师的画，画了一遍又一遍，遇到不懂的就请教老师。有一次，沈周说："唐寅呀，学画可不能光临摹哟，我的小屋无窗，你可不能也无窗噢！"唐寅一想也对，就把门窗都画上。花开花落，秋去冬来，不觉三年过去了。

春节将至，唐寅出去买了些鱼和肉，和师母一起做好，端到自己的小屋里。唐寅请老师沈周和师母坐首座，自己斟酒，感谢老师的辛勤教诲。忽然一只猫从门外窜进来跳上桌子，唐寅"啪"地一掌打去，那猫儿纵身一跳，想从"窗户"逃出去，不料刚到窗口就摔了下来，它连跳三个窗口，都没有逃出去，最后还是从大门跑了。沈周一见，哈哈大笑道："唐寅呀，功夫不负有心人，你该回家看你母亲了呀！"

唐寅辞别老师，回家探望母亲。此后，他又继续苦练，终于成为与沈周、文徵明、仇英并驾齐驱的明代四大画家之一。

改过自新的张岱

欲知人者必先自知。

——《吕氏春秋》

张岱，号陶庵，生活在明末清初，是当时著名的文学家。

张岱出生在明朝一个世代为官的贵族家庭里，从小过着纨绔子弟的生活。那时候，他成天穿着华丽的衣衫，骑着高大的骏马，逛戏园、买古董、玩花鸟等。提起张岱，没人不知道他是天下出了名的纨绔公子。

1644 年，平地一声惊雷震碎了张岱的美梦：清朝军队的金戈铁马一路席卷而来，推翻了明朝的天下。

国破家亡的悲剧，终于使张岱清醒过来，他决心痛改前非，要做个堂堂正正的男子汉。

这时候，明朝的许多官员和著名文人看到大势已去，都剃了头发，留起长辫，投降清朝，做了新贵人。而张岱却披散头发，独自一人跑进深山隐居。他昔日的一些朋友和熟人劝他顺应潮流，归顺清朝；清朝的官员们听说了他的大名，也屡次派人来请他出山做官。他都坚决拒绝了。

张岱自己建了一座残破的茅屋，过着艰苦的生活，常常连着几天无米下锅，只得靠野菜度日。既使这样，他仍然潜心著述。原来，他正在编写一部记述明朝历史的传记著作，他想通过这部书的写作来表达自己对故国的思念。后来，他终于饿着肚子写成了这部巨著，取名叫《石匮书》，成为一部研究明朝历史兴衰的重要文献。

在写作《石匮书》的同时，张岱还写了不少文章和诗歌。在这些作品中，他不仅抒发了国破家亡的悲愤，还回顾了自己昔日的腐朽生活，表达了深深的悔恨心情。

张岱坚贞不屈的气节感动了很多人，大家渐渐改变了对他的看法，都称赞他是一位有骨气的义士。后来，他的名气越来越大，人们纷纷私下传阅他的文章和诗歌，把他当作一位了不起的人物。但张岱自己却从没有原谅过自己过去的错误，仍然常常写文章检讨自己。

有一天，张岱的茅屋里来了位不速之客。这人姓施，是张岱多年不见的一位老友。张岱一见他，惊喜交加地喊道："施兄，原来你没有死！我听说你在嘉兴一带参加起义，已经战死了呀！"

来人笑了，说道："我隐姓埋名多年才躲过了追捕。现在眼看老得不行了，临死前，怎么也得来看老朋友一眼啊！"

张岱请朋友坐下，自己出去准备饭食招待他。

朋友随手拿起桌上一篇尚未写完的文稿，只见上面赫然写着《自为墓志铭》，他连忙一行行读了下去。张岱在这篇自己给自己写的墓志铭中，又一次回顾了自己昔日的腐朽生活，深刻地检讨了自己的过错。等张岱进屋的时候，朋友正拍着桌子说："好文章啊！"他转过脸来对张岱说："当年陶渊明、徐文长自写墓志铭，为后人仰慕，没想到你老兄也有这样坦荡的胸怀和气魄啊！"

"施兄过奖了，我哪里能与他们相比，只不过是东施效颦罢了。"张岱淡淡地微笑着说。

"不过，有一点我不赞同。你不该在文中过分地自责，你以前生活奢侈那都是多年前的往事了，年轻时的过错记一辈子就可以了，难道死后还要让后人去议论吗？你这些年做了这么多事，现在人们都敬佩你的忠贞节义，你又何必败坏自己生前的清名呢？"朋友诚恳地劝说着张岱。

"施兄不知，我之所以苟且偷生活到今天，正是为了痛改前非，弥补昔日的过错。我时时提起过去，就是要让世人看到一个有罪之人是如何改过自新的。"

"说有罪太过分了吧，你生于显贵之家，像你那样生活的官宦子弟并不少见。"朋友说。

"施兄你想想看，那时国家已经风雨飘摇，官场一团腐败，而我辈却只知醉生梦死，不知发愤图强，这不是罪过又是什么？这些年来，我常常想，自己前半生有罪，如今所剩的光阴已经不多。唯一能够做的，就是把自己的短处统统揭发出来，让后人吸取教训。说实在的，写这篇墓志铭时，我也因为私心，几次中途停笔。可后来一想到这些，还是准备继续写下去，一直写到死的那一天为止。"

智者的转变
——知错就改的力量

叶桂埋名学医

清代医学家叶桂，苏州人，他的父亲是一位名医。他跟父亲学医，年龄不大便能开方把脉。十四岁那年，父亲病逝，他便接过父亲的班，继续行医，治好了许多疑难杂症，颇负盛名。相传，另一位叫薛雪的年轻医生，对叶桂不服气，就给自己的书房起了个名，叫"扫叶庄"。叶桂得知，十分生气，便以牙还牙，也把书房改了名，叫"踏雪斋"。

没过多久，叶桂的母亲忽然得了病，而且病势很重。叶桂给母亲开了药方，可是吃了总不见好转。这事传到薛雪那里，他对徒弟们说："自古都是医别人容易，医自己难。叶桂爱母心切，舍不得下猛药。其实，这种病非'白虎汤'不可。"这番话传了出去。

叶桂听说后恍然大悟，照方用药果然治好了母亲的病。他亲自前往拜见薛雪，说平日不敬先生，特来请求先生恕罪。

叶桂十八岁那年，有位举子从江西来到苏州。他患病多年，日渐严重，便请叶桂看病开药。叶桂见他面黄肌瘦，不停地咳嗽，经过望、闻、问、切之后对他说："不用吃药了，赶快回家，越快越好。如果路上一有耽搁，就恐难与家人见面了。"

举子听了叶桂的诊断半信半疑，叶桂猜出了他的想法，便说："保证没错，快动身吧。如果我诊断错了，宁愿叫你砸了门外的招牌！"

听了叶桂的忠告，那举子急急乘船返乡，想在有生之日与家人见上一面。但他转念一想，反正病也好不了啦，不如沿途散散心，看看风景名胜古迹，也不算枉活一世。到了镇江，听说金山寺很好玩，便离船上岸，登山游览。

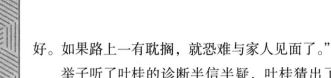

举子尽兴玩了一天。当天晚上住在金山寺。吃晚饭时，老僧拿出化缘账本，对他说："请为佛事捐点钱吧！"举子想也没想便将随身所带银两都捐了。老僧连说了几声"善哉"，又见客人愁眉苦脸的样子，便问："怎么，施主身体不适？"

"岂止是不适，我活不了几天啦！"举子便把叶桂的话重复了一遍。

老僧为他把脉，详细地询问了发病的经过，点点头说："叶桂真是名不虚传，你的病确属绝症啊！"举子听了心更凉了。

老僧又说："我问你，回江西走旱路还是走水路？"

"我有船，走水路。"

"那太好了，如今正值秋高气爽，正好新梨上市，你装上一船生梨，整天吃在梨上、睡在梨上，不管是渴是饿都吃梨，等到了江西，梨吃没了，再去抓药试试吧……"说罢，老僧开了一副药方。

一年过去以后，江西举子又来苏州拜见叶桂。他说："我没死，砸你的招牌来了。"

叶桂顿时吃了一惊，忙问是经何人治愈。叶桂听后，顿觉天外有天，强中自有强中手，能人背后有能人啊。叶桂当即取下医牌，前往镇江拜师。

叶桂到了金山寺，怕老僧不予收留，便谎称自己是个流浪汉，愿意伺候老僧，讨一口饭吃。老僧见他人很聪明，喜欢学医，便收他为徒。叶桂每日里给病人按方抓药，十分勤快，有时师父出诊，他就身背药箱，紧跟其后。

三年后的一天，寺院里来了个急重病人，当时师父不在，叶桂就给他诊治，病治好了。师父归来后看过药方，仰头大笑起来。

叶桂说："药方有不妥之处吗？"

老僧说："好你个叶桂，竟骗了我。除了苏州的叶桂，哪个敢开有毒的砒霜？"

叶桂俯身跪倒，说："徒儿为了学到真传不得不这样做啊！"接着，他便讲述了前后经过。

老僧见叶桂身为名医，还谦虚好学，不耻下问，十分感动，便将自己的全部医术都传给了叶桂。

叶桂谦虚好学，终于集众家之长，自成一家。他著的《温热论》一书，对温病学说的发展作出了很大贡献。

鲁迅的"早"

> 我的确时时解剖别人，然而更多的是更无情地解剖自己。
>
> ——鲁迅

1881 年 9 月 25 日，鲁迅出生于绍兴城内都昌坊口一个破落的士大夫家庭。鲁迅原名周树人，是中国著名的文学家、思想家和革命家。

鲁迅自幼聪颖勤奋，十二岁时到三味书屋跟随寿镜吾老师学习，在那里读书近五年。鲁迅的坐位，在书房的东北角，他使用的是一张硬木书桌。现在这张木桌还放在鲁迅纪念馆里。

鲁迅十三岁时，他的祖父因科场案被逮捕入狱，不久父亲又患病。家里越来越穷，他经常到当铺卖掉家里值钱的东西，然后再去药店给父亲买药。有一次，父亲病重，鲁迅一大早就去了当铺和药店，再去书屋时老师已经开始上课了。老师看到他迟到了，就生气地说："十几岁的学生还睡懒觉导致上课迟到，下次再迟到就别来了。"

鲁迅听了点点头，没有为自己作任何辩解，只低着头默默回到自己的坐位上。

第二天，他早早来到学校，在书桌右上角用刀刻了一个"早"字，心里暗暗地许下誓言：以后一定要早起，不能再迟到了。

以后的日子里，父亲的病更重了，鲁迅更频繁地到当铺去卖东西，然后到药店去买药，家里很多活都落在了鲁迅的肩上。他常常天不亮就起床，料理好家里的事情，然后再到当铺和药店，之后又急急忙忙地跑到私塾去上课。虽然家里的负担很重，可是他再也没有迟到过。

在那些艰苦的日子里，每当他气喘吁吁地准时跑进私塾，看到课桌上的"早"字时，他都会觉得开心，心想："我又一次战胜了困难，又一次兑现了自己的诺言，我一定要加倍努力，做一个言行一致的人。"

后来父亲去世了，鲁迅继续在三味书屋读书。私塾里的寿镜吾老师是一位方正、质朴和博学的人。老师的为人和治学精神，那个曾经让鲁迅留下深刻记忆的三味书屋和那个刻着"早"字的课桌，一直激励着鲁迅在人生路上继续前进。

鲁迅十八岁那年考入免费的江南水师学堂；后来又公费到日本留学，学习西医。1906年，鲁迅放弃了医学，开始从事文学创作，先后在北京大学、北京女子师范大学等学校教过课，成为中国新文化运动的重要参与者。

宋庆龄向小孩子道歉

> 人言果属有因，深自悔责。返躬无愧，听之而已。
> ——石成金

宋庆龄为人谦和，从不居功自傲，哪怕是对待小孩子，她也十分认真、尊重。

宋庆龄十分爱干净。她看到有的女孩子头发脏了，就提醒她赶快洗头；看到有的孩子指甲长了，就取出指甲刀帮助修指甲。但她有一次在提醒孩子注意卫生时，却出现了"差错"。

那是初春的一天，宋庆龄来到中国福利会儿童艺术剧院看望小演员们排练节目。她边走边看，有时停下来夸赞小演员表演逼真，有时弯下腰来询问孩子衣服合不合适，有时将耳朵侧过来，听孩子们向她讲着悄悄话。

105

当她走到小演员陈海根面前时，眉头微皱，说："你叫什么名字？"

陈海根腼腆地回答："陈海根。"

"瞧，你的脖子那么脏，快去洗洗吧。"宋庆龄提醒道。

陈海根站在那里没有动，想说什么，可又没说出来。

宋庆龄以为陈海根不接受意见，就又亲切地说："只有讲究卫生，才能身体健康，不生病。有了健康的身体，才能做好革命工作。"

"是！"陈海根说话了，但好像带着一丝委屈。

宋庆龄以为陈海根懂了，就转身跟另一位小演员讲话。

"宋奶奶——"有几个小演员大着胆子叫道。

宋庆龄急忙回过头来，她一眼看到陈海根还站在那里，脸涨得绯红。她又望望叫她的几个孩子，问："你们——"

孩子们七嘴八舌地说："陈海根的脖子不是脏，是黑。""他生来皮肤就黑！""您冤枉他了！"

宋庆龄一下子愣住了，眼里闪着歉疚的光，仿佛在自责："我太粗心了！"她急忙走到陈海根面前，轻轻抚摸他的头，仔细一看，可不，果然是黑皮肤。

她带有歉意地笑了，拉起陈海根的手诚恳地说："孩子，我搞错了，请你原谅我。"

陈海根急忙摇头说："不，不，宋奶奶，不能怪您，应该怪我的脖子确实太黑了，怎么洗也洗不白。"

宋床龄爱抚地拍了拍陈海根的肩膀，说："好孩子，谢谢你安慰我。是我错了。我应该向你道歉，请你原谅我。"

"宋奶奶——"孩子们都被宋奶奶的话语感动了。

梅兰芳改错敬师

> 君子成人之美，不成人之恶。小人反是。
>
> ——《论语》

梅兰芳（1894—1961 年），原籍江苏泰州，生于北京，是著名的京剧表演艺术家。在半个多世纪的艺术生涯中，梅兰芳不断探索，不断革新，在艺术上精益求精，虚心好学，形成了自己独特的艺术风格，也称"梅派"，对我国京剧事业的发展作出了突出的贡献。

戏剧大师梅兰芳先生，不仅在我国戏剧艺术发展史上占有光辉的一页，而他甘拜他人为师、拜名人为师，活到老学到老，尊师敬业的美德，也被广为传颂。

新中国成立前，在一次京剧《杀惜》的演出中，剧场内戏迷们喝彩声不绝于耳。"不好！不好！"突然，从剧场里传来一位老人的喊声。人们一看，是一位衣着朴素的老者，已有六旬年纪，正不住地摇着头。

梅兰芳心中感到蹊跷。戏一下场，他来不及卸装、更衣，就用专车把那位老先生接到家中，待如上宾。他恭恭敬敬地对老人说道："说我孬者，是吾师也。先生言我不好，必有高见，定请赐教，学生决心亡羊补牢。"

老先生严肃而认真地指出："阎惜姣上楼和下楼之台步，按梨园规定，应是上七下八，博士为何上八下八？"

梅兰芳一听，恍然大悟，深感自己的疏漏，连声称谢不止。

后来，梅兰芳凡在当地演戏，都要请这位老先生观看，并常请他指教。

梅兰芳不仅在京剧艺术上有很深的造诣，在琴棋书画上也是妙手。他师从齐白石，虚心求教，总是执弟子之礼，经常为齐白石磨墨铺纸，老师对这个"学生"也十分敬爱。

沈从文知错就改

沈从文（1902—1988 年），我国现代著名作家，出生在湖南省凤凰县的一个农户家庭。小时候，沈从文特别喜欢看木偶戏，常常因为看戏入迷而耽误了读书。

有一天上午，沈从文从课堂里溜出来，一个人跑到村子里去看戏。那天木偶戏演的是"孙悟空过火焰山"，沈从文看得眉飞色舞，捧腹大笑。一直看到太阳落山，他才恋恋不舍地回到学校。这时，同学都已放学回家了。

第二天，沈从文刚进校门，老师就严厉地责问他为什么旷课。他羞红着脸，支支吾吾地答不上来。老师大声训斥道："你看，这楠木树天天往上长，而你却偏偏不思上进，甘愿做一个没出息的人。大家都在用功读书，你却偷偷溜去看戏。一个人只有尊重自己，不断进取，才能得到别人的尊重。"老师的一番话，使沈从文感动得流下了眼泪。他暗暗发誓，一定要记住这次教训，做一个受人尊重的人。此后，沈从文一直严格要求自己，长大后终于成了著名的作家。

第三章

改错纳谏

齐桓公纳谏

管仲和鲍叔牙生活在春秋时期的齐国。他们后来都在齐国做了大官，管仲还担任了齐国的相国，辅佐齐桓公成为春秋时期的第一位霸主。

管仲和鲍叔牙从年轻时就是一对要好的朋友。他们互相了解，互相敬重，彼此信任。

公元前 698 年，齐国的齐僖公死了，王位传给了大公子诸儿，诸儿就是齐襄公。齐襄公是个心胸狭窄、非常残暴的人。他手下的文武大臣，经常遭到无辜的杀身之祸。他的两个亲兄弟——公子纠和公子小白，也怕遭到哥哥的暗算，急忙逃离了齐国。公子纠逃到了鲁国，公子小白逃到了莒国。当时，管仲和鲍叔牙分别在公子纠和公子小白身边做事，也分别跟着公子纠和公子小白逃到鲁国和莒国避难去了。

齐襄公才做了几年国君，就被人杀了，齐国顿时大乱。齐襄公没有儿子，他死了，该由谁来继承王位呢？国不可一日无君，几个大臣商议，要从齐襄公的两个弟弟中挑选一个人来继承王位。可

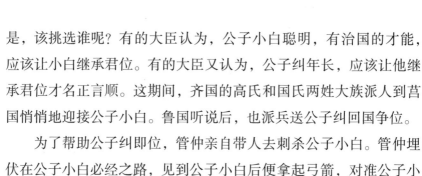

是，该挑选谁呢？有的大臣认为，公子小白聪明，有治国的才能，应该让小白继承君位。有的大臣又认为，公子纠年长，应该让他继承君位才名正言顺。这期间，齐国的高氏和国氏两姓大族派人到莒国悄悄地迎接公子小白。鲁国听说后，也派兵送公子纠回国争位。

为了帮助公子纠即位，管仲亲自带人去刺杀公子小白。管仲埋伏在公子小白必经之路，见到公子小白后便拿起弓箭，对准公子小白"嗖"地就是一箭。只见公子小白惨叫一声，应声倒在车里。

管仲这一箭，其实只射中了公子小白的衣带钩。公子小白深知管仲的武艺高强，担心管仲再来第二箭，便咬破舌头，躺在车上装死。看管仲走远了，他才爬起身来。鲍叔牙等人见公子小白并没有死，都很高兴，立即催促人马加快速度赶往齐国的都城临淄。

公子纠以为公子小白已被管仲杀死了，便在鲁国士兵的护送下慢慢往齐国走。此时，公子小白已经赶到了齐国的都城临淄，在鲍叔牙等的拥戴下，当了齐国的国君。他就是齐桓公。齐桓公即位后，第一件事就是打发人通知鲁国，说明齐国已有了新的国君，叫他们不要送公子纠回来了。鲁庄公当然不愿意。这时鲁国的人马已经到了齐国的地界了，就同齐国军队打了起来。可是齐强鲁弱，鲁国打了败仗。鲁庄公又从国内增调军队同齐国较量。结果鲁国又大败，公子纠和管仲只好又返回了鲁国。

公子小白做了齐国国君后，非常感激鲍叔牙，就准备拜他做齐国的相国。他把这个想法告诉了鲍叔牙，但鲍叔牙却不同意。鲍叔牙对齐桓公说："相国一职，关系到国家的安危，关系到大王事业的成败。我自知自己的能力难以承担，您应该选择更有才能的人来担任。"

齐桓公不解地问："齐国还有比你更合适的人吗？"

"当然有。"鲍叔牙肯定地说，"我现在就可以向主公推荐一个人，只不过他现在不在齐国罢了。"

"谁?"齐桓公问。

鲍叔牙略停了一停，回答："就是管仲。"

"管仲!"齐桓公顿时气乎乎地说，"他差点射死我，我还没有报这一箭之仇，你倒叫我重用他?"说完，把头扭到了一边。

"大王息怒。"鲍叔牙站起身来，不慌不忙向齐桓公作了一个揖，"大王，向您推荐管仲，这是我思考已久的事。我之所以冒着惹您生气的危险向您推荐管仲，原因有三：第一，管仲射您之时，他的主人是公子纠，他自然要为公子纠做事。这正是他忠于职守、有勇有谋的表现啊。第二，我同管仲有深交，我非常了解他，深知他的才能强我十倍。如果大王只是想治理好齐国，平稳度过一生，那么我虽不才，也还勉强能应付。但大王想的却是富国强兵，实现称霸中原的宏图伟业。如果没有管仲这样的人辅佐，那是万万不行的。这也就是我为大王焦虑的一件事。"

说到这里，鲍叔牙停了一停，他看到齐桓公的脸色已平和了许多，又接着说："第三，我深知大王是一个器重贤才、深明大义的人，我相信大王一定会接受我的建议。"

"嘿，你这么自信!"桓公真的被说动了。他问："管仲现在还在鲁国，怎么能让他来呢?"

"大王放心，我早已有考虑，只要大王下令，我就设法将管仲召来。"鲍叔牙说。

"好吧。"齐桓公同意了。

鲍叔牙立即以齐桓公的名义给鲁庄公写了一封信，派得力的使者送到鲁国。临走时，鲍叔牙又如此这般地对使者作了一番交代。然后，鲍叔牙又向边境调动了军队。

使者到了鲁国，把信交给了鲁庄公。鲁庄公一看信，原来是要他杀死公子纠，交出管仲，双方和好。否则，齐国的大军将马上进攻鲁国。

鲁庄公同手下的谋士商议，说什么也不愿意答应，但又听到齐国大兵压境的消息，实在没有办法，只好忍痛逼死了公子纠，囚禁了管仲。这时，鲁国的谋士施伯说："管仲是天下奇才，如果让他到了齐国去辅佐齐王，那对我们非常不利。不如杀死他，把他的尸首送回去吧。"

齐国的使者听到后立即说："那可不行，他射杀过我们齐王，是我们齐王的仇人。临来时大王专门交待我们：一定要把管仲活着带回去，他要亲自报仇。"鲁庄公一听，只好把管仲装上了囚车，交给了齐国的使者，让他押回齐国去。

鲍叔牙亲自来到齐国的边城迎接管仲。他替管仲松了绑，把管仲扶上自己的车子。两人坐着一辆车回到都城临淄。接着，鲍叔牙又带管仲晋见了齐桓公。齐桓公果然是个心胸豁达不计前嫌的人。他在和管仲深谈之后，不仅没治管仲的罪，还拜管仲做了齐国的相国。后来，管仲辅佐齐桓公九次以盟主的身份邀请各国诸侯开会，他也因此成了齐国历史上有名的贤相。

齐桓公求贤

齐桓公是春秋时期第一位霸主，为了能得到天下贤士的辅佐，他费尽了心机。

一天夜晚，齐桓公夜不能寐，他起身踱步到庭院，这时，一队武士举着火把巡逻，就如一条火龙在夜幕中游动。火光，叩开了他的心扉。

第二天上朝，齐桓公向文武百官宣布了自己想出来的招纳贤士的好办法。他下令在宫廷前燃烧巨大明亮的火炬，表示准备以高规格的礼仪接见各地前来投奔的贤能之士。

没想到整整过了一年时间，没有一个人来求见，齐桓公很苦恼。

一天，一个农夫大摇大摆来到王宫前，自称是贤人求见。

齐桓公不敢怠慢，立即传令接见。没想到，来人是一位衣冠不整、黄瘦干瘪的农夫，齐桓公有些失望，但是仍然恭恭敬敬地问："先生有何见教？"

农夫拍拍自己的胸脯，故意挑起大拇指说："我会念'小九九'算术口诀!"

齐桓公觉得又好气又好笑,戏谑地问道:"先生难道不知道会'小九九'口诀乃是末流小技,不配作为贤才来见国君吗?"

农夫一本正经地说:"大王,您的过错就在这里!"

随即农夫就侃侃而谈:"我听说宫廷前求贤的火炬点燃了一年,仍没有人登门求见。这是因为大王是贤能的君主,各地贤能之士都觉得不如您高明,所以都不敢前来。我会'小九九'是微不足道的。对我这个只会念'小九九'的人,您如能以礼相待,还愁真正有贤才的人不来吗?"

农夫的一席话,说得齐桓公连连点头称是。于是,他以隆重的礼节接待了这个农夫,并给他以优厚的待遇。

这件事很快就传开了,不出一个月,四方贤士络绎不绝,纷至沓来。

晏子巧改坏风气

予其惩,而毖后患。

——《诗经》

春秋时期的齐灵公有个嗜好,就是喜欢让宫中女子身着男装。只要有哪位宫中女子穿上男服在齐灵公面前走一走,齐灵公就高兴得合不上嘴，一遍又一遍地夸奖这位女子潇洒、健壮、大方、漂亮。这么一来，他的妃嫔和宫女一个个地都打扮得和男子一样。她们觉得这是讨好齐灵公的好办法。

宫中女子作出表率，都城临淄的女子就纷纷效仿。到后来，齐国的妇女上至七十老妪，下至三岁女童都穿起了男装，弄得全国上下男女不辨，不伦不类，简直不成体统。

对于这种风气，朝中大臣议论纷纷，觉得如果不及时制止，传扬出去必然会遭到周边各诸侯国的耻笑。齐灵公也认为，这么发展下去太不像话了。于是，他立即下令禁止各地妇女穿男装。

齐灵公的命令发出后，即很少有人理睬。各地妇女仍然穿着男装出入于街头巷尾。齐灵公发怒了。他制定了一条更严苛的法律，规定今后遇见身着男装的女子，可以当场撕裂她的衣服，割断她的衣带。

齐灵公以为，这样一来大家就会依法办事。可是事实上，街上身着男装的女人并未减少。显然，只靠命令和法律，还制不住坏风气的蔓延。

这可怎么办呀？齐灵公正愁无计可施时，忽见晏子进宫办事。齐灵公知道晏子足智多谋，便向他请教改变坏风气的办法。

齐灵公说：“近来国内女子崇尚女扮男装，我几次下令禁止，还采取了法律措施，可是收效甚微。不知这是什么原因？”

晏子回答说：“这原因十分简单。您想，您下令禁止宫外女子穿男服，却鼓励和纵容宫中女子打扮成男人模样。您在宫中提倡女扮男装，宫外当然会起而效法。您自己不以身作则，怎么能让别人服从您的命令呢？假如您真正有决心改变女扮男装的坏风气，就应该首先严禁宫内女子穿男服。只要宫内风气改变了，在全国推行禁令就容易了。”

齐灵公听了晏子的话猛然醒悟。他很高兴地对晏子说："对，对，你的话很有道理。我一定接受你的建议。"

当天，齐灵公就下令：从今以后，宫内女子无论是妃嫔还是宫女，一律不准再穿男装。如果有人违犯，一定从重惩办。

此令一出，宫内女子再也无人敢穿男装。不到一个月，齐国各地的妇女也没有人再穿男装了。

楚王改错

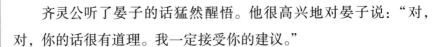

过之所始，多因忽小。

——刘昼

晏子是春秋时期齐国的大夫，是齐国上大夫晏弱之子。晏子以生活节俭、谦恭下士著称。据说晏子身材不高，其貌不扬。

有一次，齐景公派晏子出使楚国。楚灵王见他身材矮小，就想羞辱他一番，于是在城门边开了个小门，让晏子从小门进去。晏子不肯，说："到狗国出使的人，从狗洞进去。现在我是出使楚国，不应当从这个狗洞进去。"楚国迎宾的人只好让晏子从大门进去。

到了朝廷后，楚灵王故意当着自己大臣的面大声问："难道堂堂的齐国没有人了吗？怎么让你来出使楚国？"

晏子心里知道他是在刁难自己，就故意回答说："我们国家人丁兴旺，每人挥挥袖子就能遮住太阳，每人挥挥脸上的汗水就像下雨一样，人来人往，摩肩接踵，您怎么能说我们齐国没有人呢？”

楚灵王以为他中计了，又问："既然这样，那为什么派你出使楚国啊？"

晏子不慌不忙地回答："我们齐国派使者有个规矩，就是有德才的人出使名声好的国家，而没有德才的人就出使名声不好的国家。我没有德才，所以齐王就派我到楚国来啦！"

楚王十分羞愧，马上恭恭敬敬地对待晏子。晏子以自己的聪明才智维护了齐国的尊严。

秦昭王用范雎

> 改过不吝，从善如流。
>
> ——苏轼

秦昭王是秦国历史上在位最长的国君。他是秦始皇的曾祖父，是秦始皇统一中国建立秦朝前最后一个重要的君王。他在位的时候，秦国的国力强盛，军事强大，多次打败诸侯国的军队，其中长平一战，打败了当时诸侯国中武力较强的赵国，威震天下。

但是，秦昭王虽然在位长达五十多年，但他即位初期，由其母宣太后当权，后又出现"四贵"擅权，所以手中并没有多大实权。

直到他重用了一个别国的贤才，才将局面扭转过来。这个贤才就是范雎。

范雎是魏国人，很有才学，但在魏国很不得志。早先，他投在魏国大夫须贾门下，后被诬以通齐卖魏，不得已逃到秦国。

范雎逃到秦国的时候，秦国正是秦昭王执政，担任秦国相国的是穰侯魏冉。魏冉是秦昭王的母亲宣太后的同母兄弟，也就是秦昭王的舅父。他仗着宣太后的势力，在秦国横行霸道，说一不二，谁也不敢惹。他聚敛财富，搜刮百姓，根本不把秦昭王放在眼里，很多事情他不向秦昭王报告，直接同宣太后说说就决定了。秦昭王多次想除掉魏冉，但又碍于自己母亲，不敢下手。

范雎到了秦国后，很快就了解了这些情况。有一天，他在街上走，听到人们议论纷纷，说相国魏冉要率军去攻打齐国的纲（今山东宁阳东北）、寿（今山东东平西南）。范雎觉得奇怪，秦国距离齐国很远，中间还隔着韩国和魏国等国，怎么跑到那么远的地方去打仗？他挤进人群去询问。有人对他说："你怎么不知道，齐国离秦国远，但纲、寿同相国的封地陶邑却很近啊，打下了这两个地方，相国的封地不就扩大了吗？"范雎悄声问："那相国这种以权谋私的事秦王能同意？"那人见范雎这样问，便同范雎眨了眨眼睛，说："你是外地来的吧，你不知道我们秦国的事都是相国和太后说了算？"

范雎听了以后，觉得进谏秦王的机会来了，并想好了一个进谏秦王的方案。当晚，他就给秦昭王写了一封信，说自己是魏国的一个士人，有极其重要的话要奉告。

秦昭王见了信，就定下日子约他进宫面谈。

到了约定的日子，范雎来到了秦宫。刚进宫就碰上秦昭王坐着车过来了。他也不躲避，仍旧大模大样地迎着走上去。左右的人都叫他走开，叫道："大王来了，快躲避！"范雎回答："什么？秦国还有大王吗？"左右的人看他不回避，就上前来拦住他。正在争吵时，秦昭王来到了面前。范雎大声说："我听说秦国只有太后和穰侯，哪里有大王啊！"秦昭王被点到痛处，心想："此人一定有良策告诉我。"于是，他急忙下车，把范雎请到车上，一起进了宫。

秦昭王同范雎来到宫中，对范雎说："寡人孤陋寡闻。"不料范雎拱手说："臣下并非秦国人，同大王也非亲非故，但我要谈的，却是大王骨肉之间的事，不知大王愿意听吗？"

秦昭王听了，立即斥退了左右侍从，恭恭敬敬地对范雎说："先生请讲，不必顾虑。我是仰慕先生的大才，诚恳地向先生请教，不管大事小事，上至太后，下至大臣，请先生尽管直说，我没有不愿意听的。"

范雎说："大王能这样倾听臣下的意见，那我就坦率地谈谈我的看法。如今天下大乱、诸侯纷争，只剩下七个国家，比较起来，最强大的就是秦国了。秦国沃野千里，甲士百万，雄据四塞之固，进则能攻，退则能守，有着兼并诸侯、统一天下的有利条件，而这也是秦国几代国君的愿望。可是，秦国却十几年没有发展，这都是因为没有一个正确的、稳定的政策，没有从战略上长远地打算，一会儿跟这个诸侯打仗，一会儿跟那个诸侯打仗。听说最近大王又要发兵攻打齐国，有这回事吗？"

秦昭王没有言语，停了一会儿，问："攻打齐国有什么不对吗？"

范雎说："坦率地说，这除了对相国个人有利外，从国家利益来说是最忌讳的。您想，齐国离秦国有多远，中间还隔着两个国家。要是兵马出得少了，打不败齐国；要是兵马出得多了，国家的耗费可就大了，国内还可能出乱子。再说，即使把齐国打败了，您又怎么能把齐国同秦国连起来，以后怎么去管理？当初魏国越过赵国把中山国打败了，后来中山国倒给赵国兼并了。这还不是因为赵国离中山近，而魏国离中山远的缘故。依我看，大王不如改变做法，来一个'远交近攻'！"

秦昭王问："什么叫'远交近攻'呢？"

范雎说："'远交'，是说对离得远的国家，先同人家交好，订立盟约，谁也不干涉谁。这样，大王就减少了敌对的国家。'近攻'，是说对离得近的国家采取积极进攻的策略。这样攻下一寸就是一寸，攻下一尺就是一尺。先攻韩、魏，再攻燕、赵，最后攻齐、楚。大王只要坚定地实行这一条计策，用不了多久，就能兼并六国，统一天下。"

秦昭王听了，连连点头，说："先生说得有道理，有道理。"

当即，秦昭王就拜范雎为客卿，按照范雎的计策，下令把攻打齐国的兵马撤了回来，并且改变策略，让军队做好攻打魏国和韩国的准备。

后来，范雎又向秦昭王进言说："现在，太后和穰侯的权太重，尤其是穰侯，根本不把大王放在眼里。这不是挑拨您和穰侯关系的话，'秦国不知有秦王只知有穰侯'，这是街上的百姓天天在议论的事情。这怎么能行呢？大王手中没有实权，一切都是空话。大王只有下定决心，削去太后和穰侯的权势，才能实现大计，完成大业。这是万万不能犹豫的啊！"

秦昭王连声说："先生说得对，先生说得对！我从此以后就听先生的。"

从此，秦昭王对范雎非常信任，每天都向范雎请教。在范雎的策划下，公元前266年，秦昭王废除了宣太后，收掉了穰侯的相印，把他赶到陶邑去，把大权夺了回来。然后，秦昭王拜范雎做了秦国的相国，还将应城（今河南鲁山东）封给了他，人们就称范雎为应侯。秦昭王推行范雎"远交近攻"的策略，夺取了邻国大片的土地，秦国的力量更强大了。

触龙谏赵太后

过而能改方无过。

——洪秀全

战国时期，赵国的赵孝成王刚刚即位，由于年纪还小，由赵太后掌权。此时，秦国进攻赵国，占领了三个城邑。赵国派人向齐国求救。齐国说："必须拿长安君做人质，才能出兵。"

长安君是赵太后最喜爱的儿子，她不肯送他去做人质。齐国军队见赵太后不同意，便也不出兵。赵国大臣们全力劝谏赵太后答应齐国出兵的条件。赵太后非常生气，她明确地跟左右近臣说："有再说让长安君做人质的人，我一定把唾沫啐到他的脸上。"

左师触龙请求拜见太后。太后猜想他一定也是来劝她送儿子做人质的，便怒气冲冲地等着他来。

触龙进来以后，慢慢小跑着走近太后，到了跟前，谢罪说："老臣的脚有病，不能快走，已经好久没见到您了，我私下里原谅了自己。可是我担心太后腰腿有什么不舒服，所以愿意来看望太后。"

太后说："我依仗着辇车走动。"

触龙说："吃东西也许没有减少吧？"

太后说："靠吃粥罢了。"

触龙说："老臣近来特别不想吃东西，于是强迫自己走路，每天走三四里，就稍稍增加了食欲，身体感到舒服些。"

这时候，太后怒色稍稍消解了些。

触龙又说："老臣有个儿子叫舒祺，年纪最小，没有什么出息，可是我日益衰老了，私下里非常爱怜他，希望得到太后的同意，让他在王宫当一个卫士，以便保卫王宫。我冒着死罪把这个请求说给太后听。"

太后说："可以，孩子今年几岁了？"

触龙说："十五岁了。虽然还小，还是希望趁自己还没有死，把儿子的事托付给太后。"

太后说："男子也疼爱自己的小儿子吗？"

触龙说："爱得比妇人还厉害。"

太后笑着说："还是妇人疼爱得厉害。"

触龙说："老臣私下里认为您爱燕后（赵太后的女儿）胜过爱长安君啊。"

太后说："你说得不对啊，我爱燕后比爱长安君差得远呢。"

触龙说："父母爱儿女，就要为他们考虑得深远。您送燕后出嫁的时候，攀在她的车子后边哭泣，为她远嫁异国感到伤心。她走了之后，您无时不想她，总是惦记她，祭祀的时候一定为她祷告。难道这不是为她长远打算，希望她有子孙世世代代继承王位吗？"

太后说："是这样。"

触龙说："从现在推到三世以前，赵国刚成为诸侯国时，赵国

每一代国君的子孙，凡受封为侯的，他们的后嗣还有为侯的吗？"

太后说："没有。"

触龙说："不仅是赵国，就是其他诸侯子弟受封的，还有存在的吗？"

太后说："我也没有听说还有存在的。"

触龙说："是这样的。时间近点的，祸临到本人身上，时间远点的，祸临到子孙身上。难道说国君的儿子一当侯就不好了吗？其实问题在于，他们地位尊贵而没有功勋，俸禄优厚而没有劳绩，却拥有大量贵重的宝物。于是，他们终不免得祸，以至于亡身绝嗣。现在您给长安君尊显的地位，又封给他肥沃的土地，给予他贵重的宝物，却又不让他趁现在为国立功。一旦您离开人世，长安君怎么在赵国立足呢？老臣认为您为长安君考虑得太短浅了，因此，我认为您爱长安君不如爱燕后。"

太后听了这番话以后，觉得很有道理，对触龙说："好吧，那就听凭你的安排吧！"

于是，赵国让长安君去齐国做了人质。齐国军队这才出兵救赵，打退了秦国的军队。

魏惠王认错求贤

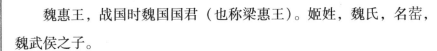

改之者，过虽在人如在己，不忘自讼。

——《张载集》

魏惠王，战国时魏国国君（也称梁惠王）。姬姓，魏氏，名䓨，魏武侯之子。

有那么一段时间，魏惠王老是打败仗，他的上将庞涓让齐国的孙膑用乱箭射死在马陵道上，他自己的弟弟公子卬也被秦国的商鞅俘虏去了。

魏惠王心里很难过，想当年魏国有多威风，周围的齐、秦、赵、韩几国谁也不敢小看。可现在，不但要向人家上贡求和，连国土都被人家抢去了一大片。于是，魏惠王决定要重振旗鼓，恢复昔日的威风！可是，要想富国强兵，该从哪一步开始呢？

大臣们听了魏惠王的想法后，纷纷提出了各自的意见和建议。其中一位大臣说："当年，商鞅在咱们魏国做官，大家都劝您重用他。可您就是不信，结果商鞅去了秦国，帮着秦王变法革新，使秦国国力增强，现在反倒来欺负咱们。后来，您又听信庞涓的话，把孙膑这么个天下奇才害成残疾。到头来，孙膑也帮着齐国打咱们。我看，您要富国强兵，首先要善于识别任用贤良的人才。"

一席话说得魏惠王满面羞惭，他说："寡人知错了，国家走到这一步，都是由于我贤愚不分、黑白混淆所造成的啊！好吧，从今日起，寡人要洗心革面，礼贤下士，希望大家多多推荐贤才。"

从此，魏国的大臣奔走于各国，用最谦卑的态度、最厚重的聘礼邀请天下的人才到魏国来，像邹衍、孟轲（孟子）等人都是这样被请去的。他们到了魏国，与魏惠王倾心交谈，真心地指出魏国的问题，讲述治理国家的道理和方法，使魏惠王很受启发。

一天，魏惠王听大臣们提到，齐国的淳于髡正在各国游历。这位淳于（复姓）先生上通天文，下知地理，有了不起的才干，连当年的管仲、晏婴都不能和他相比。魏惠王就叫人去请淳于髡。

魏国的大臣们费了好大劲儿，还真把淳于髡给请来了。魏惠王高兴极了，两次把淳于髡请到王宫中，摆下宴席款待他。可是，这位淳于先生坐在那里，光是吃，或者侧耳听听魏惠王与大臣们谈话，自己却什么都不说。

魏惠王问推荐他的人："你们都说淳于髡有管晏之才，可我看他傻乎乎的，像个木头人，哪里像个人才的样子啊！"

那个人把魏惠王的话转达给淳于髡。

淳于髡说："我两次见魏王都不说话是有原因的。第一次见魏王时，他的心思都在相马上；第二次时，魏王的心思都在音乐上。所以，我沉默不语。"

"我当时并非有意伤害他，难道他还同寡人记仇吗？"魏惠王知道原因后仍然有点不服气。

"大王又错了，淳于先生并非记您这点小过，他是要试试您是否真心求贤。您不如诚实地向他承认自己的过错，这样才能赢得天下贤才的敬重。"大臣劝导惠王说。

次日，魏惠王又把淳于髡请来，并且走下宝座，向淳于髡作了

一揖，说道："寡人曾两次失敬于先生，这真是寡人的大错。您第一次来，正赶上有人进献好马；第二次又遇上有人送来一位善于弹琴唱歌的乐工。我虽然叫人招待您，可心思全在名马和乐工身上，没顾上向您讨教治国的大道理。这说明寡人错误地将声色、享乐置于治国安邦之上了。为此，得罪了先生，真是惭愧，望先生能够原谅！"

淳于髡见魏惠王能这样放下架子向自己认错，觉得是该和他谈论治国之道的时候了。于是，淳于髡就坐下来与魏惠王倾心交谈起来，两人谈得十分投机，一直谈了三天三夜。

虽然淳于髡最后还是没有在魏国做官，但是魏惠王礼贤下士、勇于认错的名声传了出去，后来就有不少有才之士慕名前来投奔。

刘邦改过得贤臣

> 有过知悔者，不失为君子；知过遂非者，其小人欤。
>
> ——林逋

秦朝末年，刘邦和项羽兵分两路进军关中，楚怀王心与他们约定，先进入咸阳者为关中王。

刘邦率领大军直捣秦朝都城的门户——函谷关。他途经高阳

（今河南杞县西南）时，准备消灭驻扎在那里的秦军。

高阳有一个名叫郦食其的老头，很有韬略。他看到刘邦是个能成就大业的人，于是就让在刘邦帐下当骑兵的一个乡亲引见，想见刘邦。刘邦答应了。

郦食其来到刘邦的驿舍，进到屋里，看见刘邦正坐在床边，让两个女子给他洗脚。

郦食其故意慢慢腾腾地走到刘邦面前，只是作揖并不拜。刘邦看见来人是个六十多岁的儒生，心里很厌烦，便坐在床边纹丝不动，好像根本没看见有人给他作揖一样。

郦食其看到刘邦这样傲慢无礼，很生气，高声问道："足下带兵到此，不知是帮助秦朝攻打起事的诸侯呢，还是帮助各诸侯讨伐暴秦？"

刘邦听他明知故问，也不拜，举止还故作斯文，于是大动肝火，大骂道："你真是一个不识时务的书呆子！天下人谁没有尝过暴秦的苦头？天下的豪杰都讨伐秦，我怎么会去助秦？"

郦食其不紧不慢地说："足下如果真心讨伐暴秦，为什么见到年长的人还这样无礼？您想一想，行军打仗不能蛮干，要有好的谋略，如果您对待贤人这样傲慢，那么谁还会为您献计献策呢？"

刘邦听了这番话，急忙擦脚穿鞋整衣，向郦食其道歉，请他坐在上座，恭恭敬敬地说："先生有何良策，请多多指教。"

郦食其见刘邦改变了态度，虚心求教，便对他说："足下的兵马还不到一万人，就打算长驱攻入秦朝的都城，这好比是驱赶着羊群扑向老虎，只能白白送命。依我看，不如先去攻打陈留（今河南开封祥符东南）。陈留是个战略要地，城中积存的粮食很多，作为军粮足够。"

刘邦听了非常高兴，请郦食其先行到陈留，然后选派一员大将领一部分精兵随后赶到。郦食其来到陈留，见到县令，劝他投降，县令不肯。

郦食其在酒宴上把县令灌醉了，然后偷出县衙令牌，假传县令的命令，骗开城门，把刘邦的军队放进去，砍死了县令。

第二天，刘邦的大队人马进入陈留。由于郦食其事先早已为刘邦写好了安民告示，刘邦一进城，就受到百姓的欢迎。

刘邦看到陈留果然贮有大量的粮食，十分佩服郦食其的神机妙算，于是封他为广野君。

刘邦在陈留招兵买马，军队扩大了将近一倍，最终抢在项羽之前攻入了关中。

萧何月下追韩信

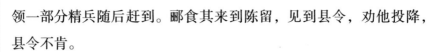

秦恶闻其过而亡，汉好谋能听而兴。

——薛瑄

萧何原是沛县县令手下的一个小官，他协助刘邦在沛县起兵后，就一直是刘邦的重要参谋，后来做了刘邦的丞相。

当时，刘邦将军队驻扎在偏僻的汉中南郑，拥兵十万，处于劣势；项羽将军队驻扎在彭城，拥兵四十万，势力强大。萧何认为，刘邦要想打败项羽得到天下，首要的问题是必须找到能统兵打仗的军事人才。他四处留意寻找，终于在军营中找到了。

这个人就是淮阴人韩信。

韩信自幼熟读兵书，素有建功立业的远大志向。但由于父母早亡，家境贫困，他年轻时四处流浪，寄人篱下，还受过无赖之徒的胯下之辱。后来，他投到项羽军中做了一名军士。可是，有勇无谋、不会用人、刚愎自用的项羽没有重用他。他觉得在项羽手下干没有前途，就逃离了楚军的兵营，投到刘邦手下。但是刘邦也没有重用他，只是让他当了个管理粮仓的小官。

一天晚上，韩信因为犯法，罪当斩首。轮到韩信受刑时，他抬头直视监斩官夏侯婴，并大声叫道："汉王不是想得到天下吗？为什么要斩壮士！"夏侯婴听他出言不凡，便没有杀他，把他推荐给了刘邦。

可是，刘邦依然没有重用韩信，只是提他做了治粟都尉。治粟都尉仅仅是个负责管理粮饷的官，比他原来做的管理粮仓的官大不了多少，而且，根本没有带兵的权力，韩信真是灰心丧气。

韩信多次和萧何谈天，萧何也认为他是个奇才。萧何一边劝告韩信耐心地等待，再三说服他汉王只是还不了解他的才能，待了解后一定会重用的；一边多次向刘邦游说，希望他重用韩信这不可多得的将才。

但是，一天、两天……十多天过去了，尽管萧何一再催促，刘邦仍未拿定主意。很快，一个多月又过去了。

一天夜里，星星稀疏的天空中挂着一轮明月，军营四周静极了。像往日一样，韩信开始秉烛攻读兵书。他刚看了几行，一阵烦躁涌上心来。他放下书，站起身走到门前，望着天上的星空想起了心事："我费了好大的气力来到汉中，本想投奔明主，做一番大事业。可谁会料到来到这里也同在项羽军营中一样不如意。唉，刘邦是明主吗？如果他是明主，为什么也不重用我呢？萧何丞相老叫我等，可等到什么时候呢？唉，有萧何丞相极力的推荐，汉王仍不用我，看来等下去也是没希望的了。"

想到这里，韩信实在是心灰意冷，于是他收拾东西，连夜离开了军营。韩信手下的士兵发现韩信不在了，急急忙忙向丞相萧何报告："韩信逃跑了！"

萧何一听到报告，大吃一惊！他坚定地认为，刘邦要想夺取天下，一定少不了韩信这样的人才。他来不及向刘邦报告，就急急忙忙骑上马，连夜去追赶。

萧何出了城门，紧抽马鞭，很快就消失在夜幕中。

这样一来，事情可就闹大了。一些不明真相的人跑去向刘邦报告："不好了，萧何丞相也逃跑了！"

当时，正是楚汉对峙，刘邦最困难的时期。刘邦的军队被困驻在汉中南郑这个偏僻的地方，许多将士思念家乡，都想尽早回到东边去，开小差的人很多。刘邦接到报告后大惊：连丞相都逃跑了，这还怎么稳得住军心？他气得暴跳如雷，身边的卫士和侍女吓得面如土色，连大气都不敢出。

两天后，有人报告，萧丞相回来了。

萧何回来后马上去拜见了刘邦。刘邦厉声质问道："你为什么要逃跑？"

萧何一听，知道刘邦误解了他，就解释说："汉王，我不是逃跑，而是去追一个逃跑的人。"

"什么？"汉王感到莫名其妙，"你追谁？"

萧何回答："追韩信。"

"追韩信？"刘邦不相信，"不对吧，现在逃亡的将尉有几十个人，别的你都不追，偏偏去追他？"

萧何听到这里，明白了刘邦不想重用韩信的原因了，他决心说服刘邦。"汉王，您要知道，别的将尉算不得什么，走了，还可以找到；而韩信，您千万不要看他出身低微，他可是个无人可替代的栋梁之材啊。他如果走了，大王就很难找得到这样的人才了。"

"唔，"刘邦半信半疑，"你那么了解他？"

"是的。"萧何肯定地说，"汉王，我对韩信进行过考察和深谈，我确信他是一个盖世无双的统军良才，这样的人才是您最需要的，我为您寻找这样的人才已经很多年了。如果您只想做个汉中王，那么放弃韩信也行；如果您是想打败项羽，夺取天下，那么，缺少韩信是万万不行的啊！"

刘邦说："我当然是想夺取天下，哪能老困在这儿呢！"

"那么，请汉王一定要重用韩信，这是老臣的肺腑之言。"萧何说。

刘邦被萧何说动了，他考虑了片刻，说："好吧，我任命他做个将军。"

"不，不，"萧何直摆手，"汉王，韩信是天下的奇才，封他做将军也不能发挥他的作用，也留不住他。"

"哦，那你说怎么办？"刘邦询问他。

"汉王应该拜他做大将军，授予他指挥军队的大权，才能留住他。"萧何非常坚决地说。

刘邦又犹豫了一下，最后说："好吧，丞相，就依你的主意。你去把韩信叫来，我当面封他为大将军。"

"不可，不可，汉王。"萧何又在摆手。

"怎么？你又有什么意见？"刘邦不解地问。

萧何诚恳地说："大王拜大将军，这是非常重大的一件事。您平时对他有成见，又不大讲究礼仪，如果只是这样随随便便把他唤来，封他做大将军，这很不慎重，他也不会来的。"

听萧何这么说，刘邦也不知怎么是好，就问萧何："那么你说该怎么办呢？"

萧何说："大王，如果您是真心诚意地拜韩信为大将军，就应该斋戒三天，搭起拜将台，选个好日子，召集文武将官，按照拜大将军的仪式来办这件事。"

"唔，唔，"刘邦心中仍有些犹豫，但看到萧何说得这么诚恳坚决，就同意按萧何说的去办。

拜将的日子到了。萧何率文武百官分列在临时搭起的拜将坛两侧，迎候刘邦在坛中间端坐，刘邦身前的案几上醒目地高置着大将军的金印。

坛下的将士群情振奋，那些身着盔甲的将领们都在翘首等待，巴望这颗金印能授给自己。突然，一阵鼓乐声响起，鼓乐响毕，丞相萧何代汉王宣布："请大将军上坛受封！"众人抬眼望去，只见一个身材魁梧的小军官应声走上拜将坛跪拜行礼，从刘邦手中郑重地接过了大将军的金印。

"韩信！是韩信！"众人都叫起来。

从此，韩信担任了刘邦的大将军。他给刘邦献出了"明修栈道，暗度陈仓"的计策，帮助刘邦迅速平定了三秦之地，又率领汉军继续东进，同项羽的大军进行决战，终于打败了项羽。刘邦建立了汉朝，做了汉高祖，韩信也成了汉朝的开国功臣。

汉文帝改刑

见善则迁，有过则改。

——《周易》

淳于意（约前205—?），临淄人，因为做过齐国太仓长，管理都城仓库，所以人们又习惯称他为仓公。

淳于意拜名医阳庆为师，阳庆传他"黄帝、扁鹊之脉书，五色诊病"等医学知识。他学了三年后，就给人治病，能预判病人生死，一经投药，没有不痊愈的，因此远近闻名。淳于意不愿意跟做官的来往，也不会拍上司的马屁。没有多久，淳于意辞了职，当起医生来了。

淳于意切脉已经到达神乎其技的程度。如齐国侍御史成自述头痛，淳于意为他诊脉，诊断为疽症，他的病因内发于肠胃之间，因贪酒所致，五日时就会肿胀，八日时便呕脓而死。果然，成于第八天因呕脓而死。

由于求医者众，而淳于意又不常在家中，所以，病家常失望而归。时间长了，求医者开始不满愤懑起来。怨气积久了，终于酿成祸患。

有一次，有人仗势向官府告了淳于意一状，当地的官吏判淳于意"肉刑"（当时的肉刑有在脸上刺字、割去鼻子、砍去左足或右足等）。按西汉初年的律令，淳于意将被押送到长安受刑。

淳于意有五个女儿，没有儿子。淳于意临行时，女儿们都去送他，跟着囚车哭成一团。淳于意看着五个女儿，就长叹着说："生孩子不生男孩，遇到急难，都没有一个有用的。"

听了父亲的叹息，几个女儿都低着头哭，只有最小的女儿缇萦又是悲伤，又是气愤。她想："为什么女儿没有用呢?"于是缇萦提出要陪父亲一起上长安去，家里人再三劝阻也没有用。就这样，缇萦跟着父亲淳于意的囚车来到长安。

为了营救父亲，缇萦上书汉文帝为父求情，请求做奴婢替父赎罪。她在上书中这样写道："妾父为吏，齐中称其廉平，今坐法当刑。妾窃痛死者不可复生，而刑者不可复续，虽欲改过自新，其道莫由，终不可得。妾愿入身为官婢，以赎父刑罪，使得改行自新也。"意思是："我父亲做官的时候，齐地的人都说他是个清官。如今他犯了罪，被判处肉刑。我不但为父亲难过，也为所有受肉刑的人伤心。受了刑的人肢体不能再接续，以后就是想改过自新，也没有办法了。我情愿给官府为奴婢，替父亲赎罪，好让他有个改过自新的机会。"

汉文帝看了信，十分同情这个小姑娘，又觉得她说得很有道理，就对大臣说："犯了罪受罚，这是没有话说的。可是受了罚，也该给他们重新做人的机会才是。现在惩办一个犯人，在他脸上刺字或者毁坏他的肢体，这样的刑罚怎么能劝人为善呢? 你们商量一个代替肉刑的办法吧!"

大臣们一商议，拟定一个办法，即把肉刑改为打板子。原来判砍去脚的，改为打五百板子；原来判割鼻子的改为打三百板子……于是，汉文帝正式下令废除肉刑。这样，缇萦救了她的父亲。

智者的转变
——知错就改的力量

缇萦上书救父的孝行，成为后世孝道的典型。而汉文帝关心百姓疾苦，减轻刑罚的做法也得到了后人的称赞。

孙权烧门求贤臣

过而不改，是谓过矣。

——《论语》

三国时吴国的张昭，是个两朝开济的老臣，先后辅佐孙策和孙权。他在孙权面前从来是直言不讳的，这虽然获得了孙权的信任，两人之间也因此产生了矛盾。

有一次，远在辽东的公孙渊派人递降表。孙权一看降表，高兴极了，马上要派张弥、许晏两人前去拜公孙渊为燕王。张昭听了，马上阻止说："公孙渊背叛了魏国，怕因此受到征讨，所以才远道来求我们援助，归顺不是他的本意。如果公孙渊改变了主意，打算重新获得魏国的谅解，就会杀人灭口，这两个使节肯定回不来了。那样的话，不是白白送了他俩的性命而叫天下人耻笑吗？"

孙权说出自己这样做的想法，张昭一一加以驳斥。这样反复了几次，张昭一次比一次态度坚决、言词激烈。

孙权说不过张昭，觉得面子上过不去，就拔出宝剑怒气冲冲地说："吴国的士人入宫则拜见我，出宫则拜见您。我对您的倚重也到了无以复加的程度，可是您却多次在大庭广众之下使我难堪，我真担心有一天会因为不能容忍而杀了您。"

听了这些，张昭既没慌张又没退缩，而是非常镇定地说："我之所以明知道您并不会按我说的做，还满腔热忱地来规劝您，是因为常常想到太后在临终时叫我精心辅佐您啊！"说完，老泪纵横，泣不成声。

孙权见状也感到伤心，把宝剑扔到地下，和张昭相对而泣。但是孙权很固执，并没有因此就采纳张昭的意见，仍旧派张弥和许晏到了辽东。

张昭见孙权不听劝告，非常恼火，回府以后，就称病不理国事。

孙权对张昭这样做很生气，干脆派人用土堵住了他的府门，表示永远不再用他为官。

张昭看孙权把他家门堵了，非常气愤。他也不示弱，索性在院里用土封住了门，表示永远不出门为孙权办事。

张弥、许晏按照孙权的吩咐来到了辽东，公孙渊果真变卦，把他们俩给杀了。

孙权万万没想到真让张昭言中了。他很惭愧，觉得对不住张昭，便派人运走了堵在张昭门口的黄土，几次向他赔礼道歉，可张昭理也不理。

有一次，孙权从张昭家门口路过，想请他出来当面谈一谈，以消除隔阂。张昭推说病势沉重不能起床，根本不出来。

孙权几次派人前去，都吃了闭门羹。

怎么办呢？孙权灵机一动，派人放火烧张府的大门。他想："大火一着起来，张昭还不往外跑？到那时，我不就看见他了吗？"孙权觉得自己的主意不错。

没想到，张昭看见孙权放火烧门，索性把大门关死，等着大火把他烧死。

孙权大惊失色，怕火着起来把张昭烧死，慌忙下令扑火。

在烟火弥漫的大门外，孙权久久地站立着。他回想着和张昭并肩战斗的日子，回想着张昭为东吴呕心沥血、肝脑涂地的历程……孙权想到这些，恨自己办错了事，伤害了这位股肱之臣一颗火热的心。

孙权越想越后悔，越想越伤心，事到如今，想进不能，想退不是，真难办啊！

孙权在门口暗暗责备自己，站着就是不走。张昭的儿子看再这么僵持下去也不是办法，就连劝带拉硬逼着父亲出来去见孙权。孙权一看张昭终于出了门，不禁喜出望外，抢先一步迎上前去，一把扶住了这位白发苍苍的老臣，诚恳地请他到宫中一叙。

张昭来到宫里，孙权向张昭承认了错误，并表示今后一定尊重他的意见，搞好君臣关系。张昭见孙权这样诚心诚意，满肚子的闷气顿时一扫而光，就又竭尽全力地协助孙权治理起国家来。

张昭作为吴国两朝重臣，刚直不阿，直言敢谏，对于吴国内政建设有不可磨灭的功绩。难怪孙权之兄孙策故去的时候立下遗嘱："内事不决问张昭，外事不决问周瑜。"孙权在位期间，基本遵循了孙策礼贤下士的遗风。

第三章

改错纳谏

辛毗拉衣劝俭

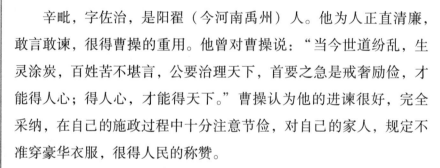

过而能知，可以为明；过而能改，不失践圣。

——《内训·迁善》

辛毗，字佐治，是阳翟（今河南禹州）人。他为人正直清廉，敢言敢谏，很得曹操的重用。他曾对曹操说："当今世道纷乱，生灵涂炭，百姓苦不堪言，公要治理天下，首要之急是戒奢励俭，才能得人心；得人心，才能得天下。"曹操认为他的进谏很好，完全采纳，在自己的施政过程中十分注意节俭，对自己的家人，规定不准穿豪华衣服，很得人民的称赞。

曹操死后，长子曹丕即位，即为魏文帝。辛毗被升为侍中，是在皇帝身边参与议决国家大事的官员，和现在的顾问性质的官员差不多。辛毗还是和过去一样直言敢谏，去奢尚俭，刚正廉洁。有一件事，使辛毗在历史上留下了千载美名。

魏文帝曹丕即位后，废掉汉献帝，结束了汉朝的统治。他建都洛阳，在洛阳营建宫室。宫室建好了，他又觉得洛阳人口稀少，不豪华也不热闹，就想把冀州的十万户士兵家属迁来洛阳。当时连年天旱，中原大地又闹蝗虫灾害，庄稼歉收。若把十万户士兵家属迁来，那必然要加重人民的负担，这十万户家属来洛阳之后，也没有粮食吃。当魏文帝下达这道旨令之后，百姓、官兵震动很大。群臣都认为这事办不得，可是魏文帝执意要迁。辛毗也心急如焚。他想："本来营造宫室就是很大的浪费，如今又要十万户背井离乡迁来洛阳，不仅人力、物力浪费很大，而且这十万户来洛阳之后又无以为生。国家用什么来养活他们呢？再加上干旱、蝗灾、歉收，人民怎么能生活下去呢？汉朝就是这样不体谅百姓，肆意奢华，才落得丢失国家社稷的下场，难道如今还要重蹈他们的覆辙吗？"辛毗想到这里，下定决心劝谏皇帝放弃迁徙士兵家属的决定。

　　魏文帝自作出迁徙士兵家属的决定后，百官老臣进谏劝阻的很多，但他为使都城繁华热闹，也顾不了这许多，执意要办。听说辛毗等百官一齐请求召见，魏文帝便打定主意，不管他们说什么就是不听。当辛毗一批朝廷大臣进来时，魏文帝满脸不高兴，板着面孔。百官看到皇帝这副样子，一个个都傻了眼，谁也不敢说话。只见辛毗上前谏道："圣上下令迁十万户士兵家属来洛阳，有什么具体的计划安排吗？这么多人迁徙这么远，不是一件容易的事啊！"魏文帝一听，知道辛毗是要绕着弯子来劝阻了，便单刀直入地说："你以为我迁徙他们是不对的吗？"他想，这样一问，辛毗便不好再说下去了，哪知，辛毗却大胆地回答说："以臣之愚见，这是极端错误的做法。""你认为错，我认为对，这没有什么可说的了！我的旨令已下，再不变更了。"魏文帝生气地说。

　　辛毗知道皇帝决心不听谏议，但他仍继续说："陛下不认为我们是无才干、无计谋的人，才把我们放在您的左右，安排我们作为谋议国家大事的官员。所以怎能不跟我们商议呢？怎能没有话可说呢？我们大家一齐来晋见陛下，不是为我们自己，是完全为了社稷的巩固、百姓的安危啊，也是为陛下守好先王大业啊！"

　　魏文帝想要反驳辛毗，又觉自己理亏，便说道："自古都城，人烟稠密，井市繁华，显示了一国的兴旺、富强。而我们的都城洛阳虽有宫室，而无井市；虽为王居，而百姓稀少；虽名曰京都，而实为空城。聚民以示国家兴旺，建都以显社稷之永固，你等怎么总要阻拦呢？"魏文帝说完便生气地不理众臣，扭头歪坐龙庭之上。

辛毗紧逼不放，接着说："圣上说的诚然有理，自古国之都城乃是一国之心脏，八方汇集，四处来朝，未有'国强而都不繁华者，民富而都城寥落者'。但是，京都的富庶、风物的华盛，不是一朝一夕所至，而是世代帝业累积的结果。如今陛下要徙千万人民来洛阳，以显示国之强大、社稷之兴旺，这实在是拔苗助长。徙民，是弱国之举；迁户，是削国之路。陛下万不可以这样做！"群臣也齐跪奏道："圣上万万不可这样做！"

魏文帝大怒，吼道："寡人不与众卿争辩曲直！"说完，他拂袖而起，转身想进内殿，辛毗疾步追上，紧紧拉住魏文帝的衣襟说："陛下要三思而行！"

众臣一个个目瞪口呆，吓出一身冷汗，却只听皇帝大声说道："你们逼得我太急了！"说完使劲甩掉辛毗，进入后宫。

大家为辛毗暗暗捏着一把冷汗。俗话说，伴君如伴虎，若激怒了皇帝，只要一声令下，便是脑袋落地。而辛毗想："今日我辛毗即使阻不住陛下的奢费决策，也使他不能不有所顾忌。而我呢，只不过削职为民，问罪下狱，大不了舍出全家老小的性命，但为挽国家于倾倒也是值得。"想到这里，他反而心中泰然，长跪于阶下，等待最后的结果。

此时没有一个人说话，群臣静跪阶下，连呼吸的声音都听得到。是喜，是忧，是福，是祸，谁也无法意料。时间过得很慢，只见几个太监穿梭于后殿，群臣脸上充满了紧张的神色。不久，魏文帝慢慢地从后殿出来，神态十分颓丧，坐定后低声说："十万户居民暂不迁徙，前旨撤回。"

群臣高呼万岁，叩头谢恩。辛毗引襟直谏，终于免除了十万户居民的苦难。

苏世长谏唐高祖不忘节俭

君子求诸己，小人求诸人。

——《论语》

苏世长是唐高祖李渊的谏议大夫。谏议大夫是一种专门了解各方面的意见，向皇帝提出建议，参与谋议的官职。苏世长原是隋末群雄之一的王世充的部下，后来归附唐高祖李渊，因为品德高洁，为政清廉，又能直言敢谏，很得唐高祖的重用。他劝谕李渊吸取隋朝奢侈亡国的教训，严以自律、厉行节俭就是一个突出的例子。

相传有一次，李渊邀请苏世长到长安披香殿宴饮，披香殿是李渊精心设计改造的华丽宫殿。建造之时，李渊招募了全国最好的工匠，又借鉴历朝的宫殿，仿照秦朝的阿房宫式样，金饰屋壁，银裹柱梁，铜门漆户，瓷地罗帷。白天，阳光斜映，金碧辉煌。夜晚，火烛照耀，银光灿烂。宫前栽各种名贵花木，又运来美石围池作山，将宫内所获珍宝美器古玩全摆列在四周。还选来天下美女数十人，做殿中役使、侍候的嫔妃。对于寻常人，李渊不在这里接待，在此接待苏世长，本想表示对其的尊重和信任。苏世长也是第一次到这个披香殿内来。

一进殿，苏世长就大吃一惊，李渊竟悄悄建了这样一个隐避的华丽处所。苏世长觉得自己平日向李渊进谏的"治国之本，节俭为先"的话全白说了，今日要用什么办法来让他省悟呢？苏世长陷入了沉思，但表面上他仍不动声色，谈笑自若。美女献上美味佳肴、琼浆玉液，苏世长也不推让，和李渊杯瓶如梭，开怀畅饮。当侍女斟满第三杯酒之后，苏世长对李渊禀奏道："今日蒙陛下厚爱，在如此华丽、辉煌的隋炀帝宫殿宴饮下臣，下臣实在感恩不尽！"

"苏卿一贯喜欢进谏，给人的印象是你很直率、坦白、心明如镜。现在看来，世人都看错了，苏卿是最为狡诈不过的了！"李渊以戏谑的口吻笑着说。

"陛下何以见得下臣狡诈？"

"这宫殿本是朕精心建造，你为何说是隋炀帝的宫殿？"

"这宫殿如此豪华精美，不是隋炀帝建造的吗？"苏世长装作惊讶地问。

"这是朕花了五年时间，遍招天下能工巧匠建造的，怎么是隋炀帝建造的？"

"请陛下恕罪，下臣实在不知。下臣过去陪伴陛下，只知陛下在夺取天下之时，艰苦节俭，所住的居室，不求华丽，只要能遮风避雨就行。所盖被褥，皆用粗丝缝制，破旧了还不准人换新的。所穿衣袍，也多是破旧补过的。我清楚记得，有一次，一个侍卒将陛下的破旧马笼头丢了，换上一副饰有银饰的笼头，陛下还将侍从狠狠训斥一顿，之后又去将旧笼头找来套上，硬不用那银饰的。陛下当时还说：国之兴衰，人之能否成器，只需用'节俭'二字量之，便可知矣。臣万万想不到，隋炀帝的寝宫、鹿台的琉璃瓦会在这里看见。臣曾以为，殿内珍珠满屋，银柱金梁，美女盈室，只有隋炀帝的宫殿才有。陛下前后变化，臣实在是不敢相信是真的啊！"

唐高祖李渊在听了苏世长的话后，内心展开了激烈的斗争："是啊，我的变化为什么这样大呢？我怎么在不知不觉中，也走上了隋朝灭亡的道路了？若不是苏世长提醒，我不是还要继续走下去吗？这段日子怎么像在梦中一样呢！"

苏世长见李渊皱着眉不吭声，明白自己的话已有几分效力，还要紧抓不放，便说："陛下，臣因一时高兴，多喝了几杯酒，醉意上来，胡言乱语一通，请陛下恕罪。"

"不，"李渊颇有感触地说，"朕确实走上了亡隋的道路。不是苏卿的提醒，朕现在还醒悟不过来。"

苏世长听到这里，赶紧跪下叩谢，说道："陛下这一醒悟，实在是可喜可贺！这是百姓的大福、社稷的大福、国家的大福啊！不瞒陛下说，臣早为陛下登基之后的日渐奢靡十分担忧。隋朝就因为奢靡无度，使人民负担沉重，痛苦不堪，最终使天命归于有道的明君。陛下如今取得江山，应该是戒除隋朝的奢侈荒淫，不要忘记打江山时的勤俭节约啊。现在刚刚打得天下，您若学着秦、隋盖起这样的宫殿来，想使天下养息元气、倡廉励俭、澄清混乱的局面，这能办得到吗？"

从那以后，唐高祖李渊一直注意保持俭朴的风尚。

魏征提倡以俭治国

　　魏征是唐代杰出的政治家。他一生刚正磊落，守法不移。他身为朝廷的郑国公、宰相，由于敢于直言进谏，因此深受唐太宗李世民的信任和重用。李世民把他喻为一面"镜子"。魏征身上具备许多优秀品质，其中节俭朴素堪称世人的楷模。他提倡节俭治国，自己身体力行，率先垂范。

　　由于李世民采纳了魏征提出的"偃武修文"的主张，又对边境各少数民族和四邻各国采取了较好的安边政策，因此，四海安定，国家兴盛。于是，李世民渐渐陶醉于已取得的成就，不断地在宫中大会宾客和使臣，甚至不惜万金铺张欢迎。众大臣们都在尽情地称贺，唯有魏征坐在一旁默默不语。他在想什么呢？他看着筵席上丰盛无比的山珍海味和金杯银盏，再看看这宽大的金殿，熏香缭绕，四周摆着各种形制精美的几、案、钟鼎玉石等，金银诸器锃锃发光。一切多么富丽堂皇呀！是啊，国家兴盛了，但陛下是不是忘记了前三年的艰难？是不是忘记了隋炀帝挥霍无度、奢侈误国的教训？是不是忘记了民心不可失的道理？如今这般奢侈铺张，如何能长久保持兴盛呢？魏征想到这里，感到这是当前最重要的一个问题，必须立即提醒李世民。

在酒筵上，魏征利用李世民让他发表见解的机会，谏言道："陛下，如今国家内外安定，初见兴盛，臣为此喜泪沾襟。可是，臣又有所忧虑，国家值此方兴未艾之时，陛下安居这富丽典雅的宫殿，饱享这钟鼎玉食、金银珠宝之乐，会不会'居——安——忘——危'？"魏征一字一顿地吐出了"居安忘危"四字，然后又接着说道："陛下，树根不深，枝叶不茂！水源不足，水流不远。当今国家初兴，根基不厚，必须居安思危，节奢侈，去浪费，长谋远虑，以民为重，励精图治，否则大唐前途堪忧啊！切盼陛下恕臣一片愚忠！"

李世民听了此言为之一震，转眼看着魏征，正欲言语，忽然一侍臣进宫来报，原来西域又有十个国家要派使臣来朝见。李世民十分高兴，就此下了一道口谕，要求朝廷各方面作好准备，举行隆重的仪式款待来使，不得失了大唐的体面。

魏征料到，此事必然又要花费大量钱财。可是，如何处理与四邻的友好关系呢？魏征很快想出了一个两全其美的办法。于是，魏征向李世民说道："臣还是那句老话，陛下应当居安思危！当前主要是节俭。刚才，陛下传旨要大摆仪式，接待西域来使，臣以为这样做于国不利。东汉光武帝在国家困难的时候，就暂时拒绝和西域来往，目的就是减轻消耗。眼下，国家虽然初兴，但边境百姓还很穷困。不久前接待高昌王来朝，已经加重了沿途百姓的负担。现在又有十国使者要来，其人数不少于千人。这么大的队伍，从西域到京城，几千里路途，我们远接远迎，该要有多大开销啊！国家和地方，尤其是边境的百姓都承受不起这个负担呀！往后，他们还要不断地来……"

有人突然打断魏征的话说："依大人之言，莫非是拒客于千里之外？"李世民深知国库的虚实，认为魏征主张节约，也符合国家的实际。但是，四邻的友好使者不能不以礼相待啊！

魏征仿佛看穿了李世民的心思，仍然不动声色地说："依愚臣之见，眼下四邻来使，有一个重要的目的，那就是希望和唐朝边境百姓互市贸易。我们可以答应这个要求，使双方互通有无，和睦相处。这样，四邻满意，百姓高兴，我们也不必铺张欢迎。四邻百族大家常来常往，既节俭，又友好，岂不两全其美！"

李世民闻言，不觉欢喜。刚才魏征"居安思危"的劝告，深深地触动了李世民。是呀！倘若不注重节俭，忘记了前三年的艰难，国家就不能继续兴盛，大唐功业就难预料！想到这里，李世民蓦地转身，先看看魏征，再看向房玄龄："房卿，朕方才的口谕收回，速派人传令，停止远迎！"

魏征死后，李世民十分悲痛，赐给他以一品官的礼节下葬，命令百官都参加治丧。朝廷罢朝五天，隆重举哀。

魏征的夫人裴氏见丧事这么隆重，向朝廷辞谢说："魏征一生节俭朴素，现在按一品官的礼节哀悼安葬他过于厚重了，这也不是魏征生前所愿。"裴氏对朝廷提供的一切仪仗和物品都推辞不接受。

李世民尊重魏征的遗志，接受了裴夫人的请求。

智者的转变
——知错就改的力量

长孙皇后劝谏

唐朝有位贤明的皇后，她就是唐太宗的文德顺圣皇后长孙氏。

长孙皇后一生尊崇节俭。她生了三个儿子。一天，太子的乳母遂安夫人见东宫用器太少，便要求皇后增加费用为其添置一些。皇后不许，并说："我替太子忧虑的是德不立而名不扬，并非器物太少。如今国家新建，百姓饱受战乱之苦，刚刚安定下来。太子作为储君，应多多体恤民情，注意节俭，方为人君之德。"

她不仅对太子严格要求，自己也是躬行节俭。凡是衣物车马，只要够用就好，从不讲究。六宫上下，都以皇后为榜样，不敢靡费。

长孙皇后临终前，正遇房玄龄因一点小的过错被唐太宗遣归家门之时。长孙皇后从大唐的利益出发，再三向唐太宗求情说："房玄龄跟随陛下时间最长，处事小心谨慎，参与国家机密从来不泄漏一句，为官以国为忧。他平日生活节俭，从不奢侈浪费，一日三餐不食山珍海味。这是多可贵的品质啊！只要没有犯什么大错，请您不要罢免他。"（唐太宗觉得她说得有理，便再次重用房玄龄。）长孙皇后又说："我的本家有幸与皇上您结成姻亲，但他们并不是靠才德获得高位。他们生活上不注重节俭，追求华贵，贪图享受。这很容易闹出乱子，请皇上不要让他们掌握大权，只以外戚的身份入宫请见，我就放心了。"

最后，长孙皇后又用低微的声音说："自古圣贤都崇尚节俭，只有无道之君才大兴土木，劳民伤财。我死之后，不可破费厚葬。只愿依山为坟，不用制造棺椁，所需器服用品都用木瓦，如能以俭约送终，就是皇上对我最好的怀念了。"听了长孙皇后的话，唐太宗难以抑制心中的悲痛，默默地应允了她。

贤后劝谏

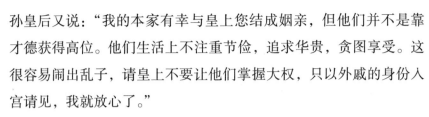

> 如果我能有两次青年时代与两次老年时代，那么，我就可以改掉我的过失。
>
> ——欧里庇得斯

明朝的开国皇帝朱元璋出生于元朝时濠州钟离（今安徽凤阳）的一个贫困的农民家庭。他青少年时给人放过牛，当过和尚，做过雇工，后来参加了农民起义军红巾军的队伍，身经百战，逐步消灭了陈友谅、张士诚两大武装势力，最后推翻了元朝的统治，建立了明朝。在他打江山的整个过程以及当了皇帝以后很长一段时期，都离不开一个重要人物，那就是他的结发妻子马秀英。

1367 年底，朱元璋的军队灭掉了陈友谅、张士诚两支主要的敌对势力，直捣元大都。朱元璋认为时机成熟，准备称帝，建立明政权。

1368 年正月初四，朱元璋在应天府（今江苏南京）登基做了皇帝，封结发妻子马秀英为皇后。

马皇后在明朝以"贤后"著称。她在世的时候，为朝廷做了许多好事，尤其是对朱元璋大杀功臣的做法提出了有益的劝谏。

朱元璋当了皇帝后，脾气变得越来越大，容易发火，也容易受人挑拨，喜欢猜忌别人，动不动就要处罚部下。这个时候，只有马皇后的话能使他稍稍冷静一些。

朱元璋称帝以后，常在宫里的西楼上处理政事，马皇后就常常在外面探听。如果听到丈夫发怒要处罚人，她就适时规劝丈夫要冷静，告诉他，人在发火的时候容易出偏差，不要随意处罚人，更不要滥杀无辜。

有一次，江南的大财主沈秀请求出钱犒赏三军。朱元璋大怒，认为一个百姓要慰劳皇上的军队是要收买民心，是居心险恶、图谋不轨的行为，非杀了不可。经马皇后规劝后，朱元璋才放了沈秀。

被称为"明朝开国文臣"的宋濂，是个很有学问的人。他还做过诸王子的先生。洪武十三年（1380 年），丞相胡惟庸犯罪被杀，宋濂的孙子宋慎也被牵连了进去。朱元璋就逮捕了宋濂，定了死罪。马皇后知道了，就劝谏朱元璋说："天下的老百姓对老师都十分敬重。宋先生做过我们孩子的老师，有过功劳。我们帝王家更应该好好地尊敬老师啊。何况宋先生早就告老还乡，孙子的事他不一定知道。您不能杀宋先生。"朱元璋不听。马皇后心里十分难过，在和丈夫同桌吃饭的时候，她吃不下饭菜，也不说话。朱元璋见她反常，就问她怎么了。马皇后回答说："宋先生快要死了，我们没有按照对待老师的礼节对待他，我心里很难过。"朱元璋听了，心里也有些难受，也默默地不说话。第二天，朱元璋便赦免了宋濂的死罪。

洪武十五年（1382 年）的秋天，贤德的马皇后得了重病。朱元璋十分焦急，四处为她寻访良医。但是，马皇后拒绝医生看病，什么药都不吃。她对丈夫说："我的病很难治。我知道陛下的脾气，如果吃了药也救不了我的命，陛下会治医生死罪的。"

马皇后临终前，朱元璋俯下身子轻声问她："你还有什么话要说吗?"马皇后艰难地说："我走了以后，希望陛下改改脾气，求贤纳谏，把子孙教育好，使天下臣民各安其所。"

马皇后的死使朱元璋悲痛万分。从此，他再也没有立过皇后。

智者的转变
——知错就改的力量